B.A.-BA

Animaux mystérieux

D1727854

DU MÊME AUTEUR

– *Apparence,* Phénix, 1990 (épuisé).
– *Théorie et pratique de la géomancie,* Dangles, 1991 (épuisé).
– *Guide de la Lorraine de l'étrange,* Trajectoire, 1993 (épuisé).
– *ABC des runes,* Jacques Grancher, 1993.
– *Le Symbolisme animal,* Dangles, 1994.
– *L'Énergie vibratoire des ondes de forme,* Dangles, 1998.
– B.A.-BA *des vampires,* Pardès, 1999.
– B.A.-BA *des monstres aquatiques,* Pardès, 2000.

Iconographie :
archives de l'auteur

Jean-Paul Ronecker

B.A.-BA

ANIMAUX MYSTÉRIEUX

Pardès
9, rue Jules Dumesnil
45390 Puiseaux

© Éditions Pardès, Puiseaux, 2000
ISBN 2-86714-211-3
ISSN 1245-1916

SOMMAIRE

INTRODUCTION

Chaque année, des animaux inconnus sont découverts un peu partout dans le monde, non seulement dans les océans, mais aussi sur la terre ferme, et pas toujours dans des endroits peu connus, mais parfois même dans notre propre monde civilisé. Nous avons déjà eu l'occasion de traiter des animaux mystérieux des mers et des lacs (voir le *B.A.-BA des monstres aquatiques*), et nous allons voir, à présent, que la terre ferme et les airs recèlent également nombre de créatures énigmatiques.

Les exemples, en effet, ne manquent pas.

Ainsi, un animal semblable à un ver, peut-être amphibie, d'une taille gigantesque, aurait été vu, à plusieurs reprises, en divers endroits du Brésil. Dans les années 1860, un certain Francisco de Amaral observa une créature ressemblant à un énorme ver, sur les rives du Rio das Caveiras. L'animal mesurait un mètre de diamètre et avait un « groin porcin » sur lequel devait se trouver la tête. La bête disparut dans le sol en laissant derrière elle un trou d'un mètre de large.

Dans le sud du désert de Gobi, est supposé vivre l'*Allghoi Khorkhoi*, ou *Allergorhai Horhai*, qui, selon les témoignages d'autochtones, serait un animal vermiforme de fort diamètre. L'explorateur Ivan Mackerle dirigea, au début des années 1990, une expédition pour le trouver. Une femme lui rapporta l'avoir vu quand elle était petite fille.

« *Il était de couleur rouge foncé, d'environ 1,50 mètre de long, avec des sortes de protubérances pointues à chaque extrémité. Il était couché sur le sable, et ce n'est que lorsqu'il se mit à bouger que j'ai réalisé que c'était un Allghoi Khorkhoi.* »

L'animal a la réputation de pouvoir cracher à distance un poison mortel tant pour les animaux que pour les humains, ce qui lui vaut le surnom de « ver tueur ». Il serait capable de cracher ainsi à plusieurs mètres de distance (les autochtones estiment qu'une distance de dix mètres est nécessaire pour être en sécurité).

Une vieille femme rapporta à Mackerle : « *Je n'ai personnellement jamais vu le Allghoi Khorkhoi, mais j'ai entendu beaucoup de choses à son sujet. On dit qu'il se déplace sous le sable, et quand il veut tuer une proie, il sort la moitié*

de son corps hors du sable. Quand il se prépare à cracher son venin, les protu-
bérances de ses extrémités gonflent, puis le poison jaillit. Tout ce qui est en
contact avec ce poison, même le métal, est attaqué comme par un puissant
acide, et devient aussitôt jaune. Mais le poison perd de sa force à partir du
mois de juin, environ, et dès lors, la rencontre de ce dangereux ver n'est plus tou-
jours mortelle. » C'est une chance, car le « ver tueur » ne sortirait du sable qu'à
la période la plus chaude de l'année, en juin et juillet. Il dormirait sous le
sable le reste du temps.

On ne sait pas si tout cela est vrai, car aucune étude n'a été réalisée, si
l'on excepte les courtes mentions dues au paléontologue américain Andrews,
en 1922, et à son confrère russe Yephremov en 1946.

Au départ de l'expédition, Mackerle ne croyait qu'à moitié à son existence, mais, à la fin, bien que n'ayant découvert aucune preuve décisive, il
revint convaincu de sa réalité.

Il n'y a d'ailleurs pas que des animaux inconnus, il y a aussi des animaux
supposés disparus, mais qui seraient peut-être encore bien vivants. Nous
aurons l'occasion d'en rencontrer un certain nombre au fil des pages.

Certains de ces animaux disparus pourraient bien d'ailleurs réapparaître,
car, alors que certains scientifiques tentent de découvrir d'hypothétiques survivants, d'autres chercheurs se sont mis en tête d'en recréer quelques-uns.
Depuis le film *Jurassic Park*, il est beaucoup question d'avoir recours au
génie génétique pour ramener à la vie des espèces éteintes. Si le rêve de
voir revivre des dinosaures reste encore très lointain, par contre, d'autres animaux pourraient bien être ressuscités.

Ainsi, en 1999, le directeur du Muséum d'histoire naturelle australien
avançait que l'on pourrait sans doute bientôt ramener à la vie le « tigre de
Tasmanie » ou thylacine, espèce disparue officiellement depuis 1936 (même
si des rumeurs courent toujours à propos de sa survivance en des régions
inaccessibles). En effet, un spécimen parfaitement conservé a été retrouvé
dans un récipient d'alcool. Comme l'alcool, à la différence du formol, ne
détruit pas l'ADN, il serait en théorie possible de prélever un échantillon
d'ADN et de le cloner grâce à l'ovule d'une autre race de tigre. Reste à
voir si cela fonctionnera, car le « tigre » de Tasmanie, malgré son surnom,
était un mammifère marsupial et non un félin.

Il est aussi beaucoup question de ressusciter le mammouth, en « greffant »
sur un ovule d'éléphante d'Asie des cellules de ce proboscidien préhistorique.
Encore faudrait-il trouver un ADN suffisamment bien conservé pour que
le clonage devienne possible. L'opération consisterait à prélever le noyau d'une
cellule de mammouth et de le mettre à la place du noyau d'un ovule d'élé-

phante. Cet œuf, dont le noyau contiendrait le patrimoine génétique des mammouths, serait ensuite implanté dans l'utérus d'une éléphante. Vingt mois plus tard, l'éléphante donnerait théoriquement naissance à un bébé mammouth.

En 1984, des rumeurs ont d'ailleurs circulé à propos d'une telle expérience qui aurait réussi aux États-Unis avec la naissance de deux petits mammouths, mais cela n'a pas été confirmé.

Sur le même principe, les Américains envisageraient de ressusciter le super bison, disparu depuis plusieurs milliers d'années.

Signalons d'ailleurs que deux espèces ont déjà été ressuscitées, ou presque. Des généticiens allemands avaient croisé des bovins de Camargue, de Corse et d'Espagne, pour recréer l'aurochs, ou plus exactement un bovin très proche de l'aurochs. Ils réussirent aussi à recréer l'ancien cheval européen, le tarpan.

Il y a aussi le cas d'êtres vivants bien connus, mais qui peuvent présenter localement des particularités que l'on ne soupçonnait pas, par exemple atteindre une taille démesurée.

Ainsi, au début des années 1990, on découvrit avec stupeur, près de Crystal Falls, dans le Michigan, une colonie de champignons qui s'étendait sur une surface incroyable, puisqu'elle atteignait 37 acres, soit plus de 149 700 mètres carrés ! Cette moisissure géante (*Armillaria bulbosa*) est âgée de 1 500 à 10 000 ans, et si l'on additionnait tous les champignons la composant, elle pèserait près de 100 tonnes. Elle était passée inaperçue jusqu'alors !

On voit donc que le monde du vivant peut encore nous réserver des surprises de taille.

Pour l'heure, le plus sûr moyen de découvrir des animaux inconnus ou supposés disparus reste encore la recherche traditionnelle.

Les animaux mystérieux ont d'ailleurs leur science : la cryptozoologie (du grec *kruptos*, « caché »).

La cryptozoologie est la science des animaux cachés ou inconnus. Ce terme a été créé dans les années 1950 par le zoologiste Bernard Heuvelmans.

Tout avait commencé en 1948, après la lecture d'un article d'un autre zoologiste, Ivan Sanderson, paru dans le *Saturday Evening Post*, à propos de l'éventuelle survivance de dinosaures en Afrique équatoriale (voir notre *B.A.-BA des monstres aquatiques*). Le sujet des mystères zoologiques intéressait déjà Heuvelmans depuis longtemps, mais c'est la lecture de cet article, écrit par un scientifique sérieux, qui le lança vraiment dans l'aventure de la cryptozoologie. Dès 1955, il publia son livre *Sur la piste des bêtes ignorées*, qui eut un succès mondial. Bernard Heuvelmans inventa surtout la méthode, qui repose sur trois types de preuves : les preuves testimoniales (fondées sur les témoignages), les preuves circonstancielles (caractérisant la situation), et enfin les preuves matérielles (traces, échantillons de poils, de tissus…). Dans un entretien accordé à la défunte revue *Mystères* (n° 12, page 56), il précisait : « *La cryptozoologie est l'étude scientifique des animaux dont l'existence n'est connue que par des preuves testimoniales ou circonstancielles, voire par des preuves matérielles, mais jugées insuffisantes, non convaincantes.* »

Peu à peu, le sujet rallia à sa cause de plus en plus de scientifiques. En 1982, Heuvelmans, surnommé le « père de la cryptozoologie » ou encore le « Sherlock Holmes de la zoologie », fonda, notamment avec Roy Mackal, de l'Université de Chicago, et Paul Leblond, de l'Université de Colombie britannique, l'*International Society of Cryptozoology*, qui compte à présent plus d'un millier de membres.

À l'heure actuelle, les grands mystères de la cryptozoologie restent encore énigmatiques, aucune preuve décisive n'ayant été apportée… mais le temps joue en faveur de cette nouvelle science dont l'aventure ne fait que commencer.

CHAPITRE I

VARANS GÉANTS ET SERPENTS MONSTRUEUX

Les varans, répartis en une trentaine d'espèces, qui comptent parmi elles les plus grands sauriens actuels, sont des descendants des mosasauridés (dont font partie les mosasaures et tylosaures préhistoriques que nous avons déjà eu l'occasion de rencontrer dans notre *B.A.-BA des monstres aquatiques*).

On admet généralement que le plus grand des varans est le Dragon de Komodo, qui peut atteindre trois mètres de long. Pourtant, de nombreux indices laissent penser que des varans beaucoup plus grands existent.

Déjà vers 1975, un zoologiste, le Dr Schulze-Westrum, parcourant la Nouvelle-Guinée pour le compte du WWF, avait constaté qu'un groupe de varans, le *Varanus papusaurus*, pouvait dépasser les quatre mètres.

Auparavant, vers 1940, un fonctionnaire de Port Moresby, David Marsh, affirmait avoir observé des varans de six mètres.

En novembre 1939, en Australie cette fois, un conducteur de train qui avait arrêté sa locomotive dans la région d'Angourie, en Nouvelle-Galles du Sud, remarqua ce qu'il prit tout d'abord pour un tronc d'arbre, mais qui se révéla être un grand reptile de cinq mètres de long. À l'époque, on pensa qu'il s'agissait d'un crocodile, mais aujourd'hui on peut se demander, à la lumière des recherches effectuées par le zoologiste australien Rex Gilroy, si ce n'était pas en réalité un varan géant. Notons, par ailleurs, que la tradition des aborigènes australiens connaît un monstre reptilien, le *Whowie*, qui pourrait bien être la magnification d'un varan géant.

L'existence de varans de deux mètres est bien établie, en ce qui concerne ce continent, mais il semble y en avoir de plus grands.

En effet, s'il existait jadis une espèce géante de varan, le *Megalonia prisca*, qui s'éteignit, selon les estimations, il y a quelques milliers d'années, certains témoignages sembleraient indiquer la survivance de ce reptile.

Ainsi, le cryptozoologiste Rex Gilroy a recueilli des données sur l'existence de ces lézards géants en Australie du Nord et de l'Est.

Dans certaines régions, les bûcherons se mettent au travail tôt dans la matinée, et ils quittent les forêts dans l'après-midi, par crainte des varans qui deviennent actifs vers la fin de la journée (rappelons que les varans ne sont en rien des lézards placides, mais au contraire des animaux dangereux pouvant se montrer très rapides à la course).

En 1975, un fermier de Cessnock (Nouvelle-Galles du Sud) gardait ses vaches, lorsqu'il aperçut un varan géant. Il estima sa longueur à environ neuf mètres. Au cours de la même année et dans la même localité, Mike Blake était assis dans sa véranda quand il vit approcher un gigantesque varan qui se promena devant lui, nullement inquiété par la présence humaine. L'animal, qui mesurait dans les sept mètres, le regarda un instant avant de disparaître dans la campagne.

Encore en cette année 1975, dans la région des Wattagans cette fois, deux fermiers roulaient en voiture à travers la forêt, quand ils aperçurent soudain quelque chose qu'ils prirent tout d'abord pour un tronc d'arbre tombé en travers de la route. Mais, alors qu'ils venaient de quitter leur véhicule pour déplacer le « tronc », ce dernier se mit à bouger. C'était bien un varan, qui s'éloigna dans la forêt. Or, la route avait sept mètres de large, et la tête et la queue de l'animal dépassaient sur les bas-côtés.

Dans le district de Capertee, un fermier à cheval inspectait son bétail, lorsqu'il remarqua, dans un enclos contigu à la forêt, un énorme varan en train de dévorer une vache. L'homme partit aussitôt chercher son fusil, mais, le temps qu'il revienne, l'animal avait disparu.

Notons également qu'il semble exister aussi à Sumatra des varans géants pouvant aller jusqu'à six mètres de long.

Évoquons à présent la possible existence de serpents monstrueux.

Si les zoologistes considèrent que les pythons atteignent au plus dix mètres de long, il n'empêche que certains témoignages semblent révéler l'existence de spécimens plus grands.

Ainsi, Diodore de Sicile rapportait que, vers l'an 280 avant notre ère, le pharaon Ptolémée II montrait à ses hôtes un python long de treize à quinze mètres.

Beaucoup moins plausible est l'histoire de l'armée du consul romain Regulus qui, en guerre contre Carthage, aurait rencontré, en l'an 255 avant notre ère, un serpent long de trente-cinq mètres. Cette taille paraît en effet exagérée. Cependant, il nous faut mentionner une récente histoire similaire. Des habitants de la petite ville de Nuevo Tacna, au Pérou, auraient aperçu, il y a quelques années, un serpent mesurant environ quarante mètres de long, pour un diamètre de cinq mètres, dans la forêt amazonienne. La créature aurait détruit plusieurs arbres sur son passage, avant de disparaître dans les eaux de l'Amazone.

Revenons à des histoires plus crédibles.

En mars 1889, dans l'île de La Trinité, des animaux domestiques, porcs, chèvres et chevaux, se mirent à disparaître mystérieusement. La panique s'empara bientôt de la population. Des traces menant au fleuve furent découvertes. Un peu plus tard, la situation s'aggrava avec la disparition de trois jeunes enfants, puis de deux autres. Cette fois, on décida d'en finir, et des hommes accompagnés de chiens se lancèrent sur la piste de l'animal énigmatique, dont le repaire avait été localisé dans une caverne.

Les hommes pénétrèrent dans la grotte, où se trouvait une grande mare. Soudain, les chiens se mirent à hurler, et les hommes épouvantés virent la tête d'un gigantesque serpent émerger de l'eau. Ils firent feu aussitôt, mais il fallut encore plusieurs rafales pour abattre le monstre, long de quatorze mètres et d'un diamètre de soixante-quinze centimètres. Il avait le dos sombre et le ventre jaune, avec des cercles noirs. Selon le récit qui parut alors dans la presse, on retrouva dans son tube digestif les restes de certaines de ses victimes.

Passons à présent à l'anaconda, boa aquatique auquel les traités de zoologie ne concèdent guère plus de dix mètres. Pourtant, au cours de son exploration du bassin de l'Amazone pour le compte de la *Royal Geographical Society* de Londres, en 1907, le major Percy Fawcett entendit beaucoup parler de serpents monstrueux vivant dans les marais et les rivières. Il ne croyait pas à l'existence de tels monstres. Il dut pourtant changer d'opinion. Un jour qu'il descendait le Rio Abuna avec ses guides indiens, il eut l'occasion de vérifier qu'il ne s'agissait pas de légendes. Juste à l'avant du bateau, émergea soudain une tête triangulaire et quelques mètres d'un corps onduleux. Aussitôt, Fawcett saisit son fusil et tira une balle explosive qui atteignit l'échine du reptile, à trois mètres derrière la tête.

« Il y eut des remous d'écume et des chocs violents contre notre quille, comme si nous avions heurté un rocher. Sur la rive, nous nous approchâmes prudemment du reptile. Il était touché à mort, parcouru de frissons montant et descendant sur son corps, comme des coups de vent à la surface d'un lac. »

Selon l'estimation de Fawcett, le serpent mesurait près de dix-neuf mètres de long.

À son retour à Londres, l'explorateur fut traité de menteur quand il racontа son histoire, car, selon les savants, un anaconda ne pouvait mesurer plus de treize mètres.

Pourtant, on connaît des témoignages parlant d'anacondas dépassant les vingt mètres. Il faut cependant mentionner que la plupart des observations concernent des serpents vus alors qu'ils nageaient, or il est très difficile d'estimer précisément la taille d'un animal sous l'eau. Il pourrait donc y avoir parfois une exagération (involontaire) de la taille. Quoi qu'il en soit, les témoignages existent.

Ainsi, alors qu'il était en tournée de mission en Amérique du Sud, le père Victor Heinz revenait d'Obidos (Brésil) et se trouvait dans une pirogue sur l'Amazone, le 22 mai 1922, lorsqu'il vit un serpent qui dérivait au fil de l'eau. Le père Heinz estima que le corps de l'animal était aussi gros qu'un baril d'essence, et que sa longueur visible avoisinait les vingt-quatre mètres. Lorsque la pirogue se fut éloignée, les rameurs, encore tremblants de peur, lui dirent qu'ils avaient eu de la chance que le serpent ait été rassasié, car il les aurait broyés aussi facilement qu'une boîte d'allumettes, s'il n'avait mangé auparavant quelques gros capybaras (rongeurs géants).

D'autres témoignages sont aussi troublants.

En 1995, un certain Dorgival Sabino aurait observé un anaconda géant dans le Rio Negro, près de Manaus. Il déclara : « *C'était un animal gigantesque, un véritable monstre. Un serpent d'une taille bien supérieure à la normale, et dont la tête était comme celle d'un dinosaure.* » L'animal aurait mesuré plus de vingt mètres, pour un diamètre d'environ un mètre. Ce serpent géant est bien connu en Amazonie, et de nombreux récits (et légendes) courent à propos de ce « *Boiuna* » ou « *Cobra Grande* » (malgré cette seconde dénomination, il s'agirait bien d'un anaconda et non d'un cobra, puisque ce serpent n'existe pas en Amérique du Sud).

Vers 1975, Amarilho Vincente de Oliveira avait observé, sur le Rio Purus, un très grand serpent, avec sur la tête « *des cornes comme des racines d'arbre* ». Ce témoignage est évidemment très curieux, mais il est à noter que Dorgival Sabino avait, lui aussi, cru voir des « cornes » sur le serpent du Rio Negro.

On a avancé que ces serpents auraient pu avaler un animal cornu, dont les cornes auraient, au moment de l'observation, dépassé de la bouche de l'anaconda, mais cette hypothèse paraît peu crédible. John Thorbjarnarson, de la *Wildlife Conservation Society*, a remarqué que certains anacondas avaient des sortes d'excroissances de chair sur la tête, parfois longues de plus de trois centimètres, et résultant de blessures. Cela pourrait bien donner l'explication de ces «cornes» parfois observées.

Autre cas, en juin 1995, la botaniste Grace Rebelo dos Santos observa deux «lumières» brillantes, espacées de trente centimètres environ, à la surface de l'eau, au beau milieu d'une rivière. Elle déclara : « *Je n'affirmerais pas qu'il s'agissait d'un Cobra Grande, mais je me souviens combien ces lumières bleues étaient étranges*». Plus tard, le 23 décembre, elle aperçut brièvement un «tuyau» de cinquante centimètres de diamètre, qui passait rapidement près de son bateau.

De nombreux témoignages évoquent, par ailleurs, des vagues d'origine inconnue ayant secoué de gros bateaux, ou encore des collisions avec de grand «objets» passant rapidement sous l'eau. Ces observations indirectes pourraient bien concerner des anacondas géants.

On parle aussi beaucoup de traces dans les marais, larges sillons laissés par le passage d'un gros animal rampant, broussailles écrasées, petits arbres repoussés et à demi sortis de terre. Rien ne permet cependant d'affirmer qu'il s'agissait de serpents géants, car l'Amazonie contient d'autres animaux pouvant laisser de telles traces, ne serait-ce que des crocodiles.

Il nous faut aussi évoquer une troublante découverte : celle d'un «crochet» fossile trouvé dans les terrains quaternaires du Gran Chaco d'Amérique du Sud (vaste plaine semi-aride ou marécageuse qui s'étend entre les rios Salado et Paraguay, entre le Nord de l'Argentine, l'Ouest du Paraguay et le Sud-Est de la Bolivie). En comparant la taille de ce crochet avec celle des crochets de serpents venimeux actuels, on en déduisit qu'il avait dû appartenir à un serpent mesurant près de dix-huit mètres de long. De tels serpents préhistoriques auraient-ils survécu ?

On parle également de serpents géants en des endroits plutôt inattendus, comme en Afrique du Nord ou encore dans les marais proches de la mer Caspienne.

Ainsi, on ne sait trop que penser de l'histoire, rapportée par l'agence Tass en 1992, selon laquelle les habitants de Sharipovo, en Sibérie, auraient aperçu un énorme serpent vert, « *avec une tête de mouton*», long d'environ six mètres, au corps épais comme un gros tronc d'arbre. Il était en train de nager dans un lac à proximité du village. Des traces, « *aussi larges que celles d'un traîneau*», auraient été découvertes dans l'herbe.

Dans l'ancien Congo belge, un énorme python a été photographié depuis un hélicoptère, en août 1959. Selon les estimations, sa longueur irait de douze à quatorze mètres. Il s'agit incontestablement du plus grand python jamais homologué (puisque les plus grands spécimens auparavant identifiés ne dépassaient pas les dix mètres), et cette photo à elle seule prouve qu'il existe bien des serpents démesurés (autre exemple significatif : alors que le serpent-tigre australien est supposé ne pas dépasser un mètre quatre-vingts, un spécimen long de quatre mètres cinquante fut découvert en 1968, dans les Blue Mountains de Nouvelle-Galles du Sud).

En 1959, en pleine guerre d'Algérie, un gigantesque serpent de vingt mètres aurait été tué à la mitrailleuse dans la région de Bénoud, non loin de la frontière marocaine.

En 1967, pendant la construction d'un barrage à Djorf-Torba, les ouvriers observèrent à plusieurs reprises de très grands serpents avoisinant les neuf mètres de long, qui avaient la particularité d'avoir une sorte de « crinière » noire sur la tête, haute de dix centimètres. Cette indication rappelle certaines vipères, qui sont dotées d'écailles formant une sorte de huppe. Ces serpents n'auraient donc sans doute pas été des pythons, mais des vipères géantes.

Quelques histoires courent également à propos de boas constrictors géants de quinze à vingt mètres de long. Ces récits sont cependant douteux, car le boa est un serpent relativement petit, d'environ cinq mètres au maximum. Il est donc probable que ces récits sont imaginaires ou exagérés, ou bien ils concernent, en réalité, des anacondas et non directement des boas.

Chapitre II

LES BÊTES SANGLANTES

L'histoire des bêtes dévoreuses est très ancienne et très répandue. Bien qu'elle ait souvent été exagérée, et parfois revêtue des habits du folklore local, elle a la particularité d'être bien ancrée dans la réalité.

La « Bête », car, souvent, tous les prédateurs énigmatiques ont été confondus sous ce terme général propre à engendrer la terreur, est devenue le symbole du danger et du mal. C'est pourquoi elle a souvent été parée d'un caractère surnaturel propre à expliquer son invulnérabilité apparente et son sens extraordinaire de l'esquive.

La Bête apparaît soudainement, tue, puis disparaît tout aussi subitement, sans que l'on puisse, le plus souvent, l'identifier ou même expliquer son étrange comportement.

La France, tout particulièrement, a connu un certain nombre d'affaires de bêtes « qui mangent les gens », ou se contentent des animaux. Que l'on se souvienne de la Bête d'Évreux (1633-1634), la Bête du Guéret (1699), la Bête de l'Auxerrois (1731-1734), la Bête de Brive (1783), la Bête du Vivarais (1809-1816), la Bête de la Gargaille (1819), la Bête de Tendu-Mosnay (1878), la Bête du Cézaillier (1946-1951), la Bête des Vosges (1977)... et, bien sûr, la plus connue, la Bête du Gévaudan (1764-1767).

Dans tous les cas, la Bête est insaisissable, elle se joue des battues et des chasseurs, ce qui ajoute à l'horreur des agressions propres à frapper durablement l'imaginaire, lui confère un statut quasi magique.

Le plus souvent, c'est le loup qui est accusé, même si, dans la plupart des cas, le comportement du monstre, et même son apparence, n'ont que peu de rapport avec ceux du loup.

On a aussi parfois affaire à des « bêtes » très particulières, comme avec le cas de la « Bête du Tennessee » ou celui de la « Bête du Haut-Quercy ».

Au début de l'année 1934, dans la petite ville de Hamburg, des animaux, notamment des oies et des poulets, furent retrouvés morts et mutilés dans la cour des fermes. Peu de temps après, ce fut au tour des chiens d'être attaqués, et plusieurs bergers allemands furent tués. On pensa tout d'abord qu'il s'agissait d'un prédateur local, comme le lynx, mais ceux-ci s'aventuraient très rarement à s'en prendre aux chiens de garde, tout à fait capables de se défendre. Le mystère s'intensifia encore quand quelques personnes purent observer le responsable : un animal très étrange et des plus inattendus.

Le révérend W. J. Hankock déclara en effet : « *Il filait comme le vent, et on aurait dit un immense kangourou bondissant à travers les champs.* »

Certains pensèrent sans doute que le bon révérend abusait en cachette de l'alcool, mais un autre témoin, Frank Cobb, confirma bientôt la description et parla d'une bête dont la forme générale évoquait celle d'un kangourou, mais en beaucoup plus grand. Des témoignages ultérieurs ne firent que confirmer les faits.

Le 12 janvier, la « bête » pénétra dans la ferme de Henry Ashmore et laissa imprimées dans le sol des empreintes de pattes à cinq griffes, de la taille d'une main d'homme adulte.

Will Patten eut lui aussi l'occasion de voir la bête, et il la chassa. Le lendemain, il retrouva son chien éventré et à moitié dévoré dans la cour de sa ferme.

Le *New York Herald Tribune* du 17 janvier 1934 résuma ainsi l'affaire : « *Un mystérieux animal aussi "rapide que l'éclair" et semblable a un "kangourou géant" répand la terreur dans la population de Hamburg. La créature apparut samedi soir. Elle tua et dévora en partie plusieurs bergers allemands de la police. La nuit suivante, elle tua encore d'autres chiens, ainsi que des oies et des canards. Les agriculteurs prennent des fusils pour se rendre aux champs, par peur de la bête, et les autres habitants s'arment de revolvers pour aller au travail.* »

Très vite, des battues furent organisées pour traquer le monstre. Le shérif de South Pittsburgh, la ville voisine, tenta de calmer les esprits, qualifiant l'affaire d'hystérie collective et parlant de « *superstition déclenchée par un chien enragé* ». Cette déclaration, on s'en doute, ne fut pas du goût des témoins, qui persistèrent dans leurs affirmations : la créature n'avait rien à voir avec un chien, enragé ou non.

Tous les témoignages coïncidaient : l'animal avait des allures de gigantesque kangourou, devait peser dans les quatre-vingts kilos, était incroyablement agile, très rapide, et capable de sauter au-dessus d'une haute clôture sans aucune difficulté.

La créature sévissait dans un territoire bien délimité, entre South Pittsburgh et le Mont Signal, ce qui impliquait qu'elle devait traverser deux chaînes de montagnes et deux rivières.

La dernière attaque eut lieu le 16 janvier. Treize jours plus tard, au cours d'une battue, un lynx fut abattu et les autorités l'identifièrent officiellement à la Bête. Pourtant, les témoins refusèrent cette explication, s'obstinant à affirmer que la créature n'avait rien à voir avec un lynx, mais était bel et bien un monstre aux allures de très grand kangourou.

L'affaire ne fut jamais vraiment résolue. Il ne pouvait évidemment pas s'agir d'un kangourou, et l'hypothèse du lynx n'est pas crédible. S'agissait-il d'un animal inconnu, ou les témoins ont-ils affabulé ?

L'affaire du Haut-Quercy est d'un genre différent, mais tout aussi étonnant.

Un matin du printemps 1983, au Hameau-de-Belinac, près de Livernon, dans le Lot, Jean-Paul Carayol se rendait aux pâturages pour voir ses vaches, lorsqu'il vit un animal ressemblant à un cerf, qui fonça sur lui en poussant un « cri lugubre ». L'homme ne demanda pas son reste et s'enfuit. Un peu plus tard, il revint et découvrit deux de ses vaches mortes. Sur le sol, il trouva des traces appartenant à un grand ruminant, dont il estima le poids à 200 kg. Les empreintes laissaient penser que l'animal était allé flairer le placenta d'une des vaches. Le 4 juin, l'animal mystérieux attaqua un autre troupeau. Des juments furent également attaquées, et l'une d'elles fut tuée. Les cris de l'animal évoquaient ceux d'une vache, mais en plus longs. La « Bête du Haut-Quercy » disparut alors, aussi subitement qu'elle était apparue. Tout porte à croire qu'il s'agissait d'un cerf... mais il n'y a pas de cerfs dans cette région. D'autre part, le zoologiste Jean-Jacques Barloy a fait remarquer qu'au printemps, les cerfs sont « en velours », ils n'ont donc pas de ramure, et, de plus, ils ne sont pas agressifs à cette saison, mais seulement en automne, au moment du brame. Cette affaire est donc des plus curieuses.

Nous pouvons aussi citer un cas très étrange, qui se produisit, en 1977, dans le Mississippi. Le numéro de janvier du *Jasper County News* révélait que « quelque chose » dévorait les oreilles des porcs vivants. Un des animaux de Jospeh Dickson avait eu les oreilles proprement coupées, comme à l'aide de ciseaux. La nuit suivante, un autre porc fut attaqué, puis, encore un autre, la nuit d'après. La quatrième nuit, Dickson s'embusqua pour surprendre la créature. Il ne parvint pas à la tuer, mais la vit quand elle s'enfuyait. Il déclara qu'elle était bien plus grosse qu'un berger allemand, et qu'elle bondissait comme « nul chien au monde ».

Tout aussi mystérieux est le « Monstre du Maroni ». L'histoire se passe en octobre 1962. Un garçonnet de 7 ans tombe dans les eaux du fleuve Maroni, qui marque la frontière entre la Guyane française et le Surinam. Son cadavre est retrouvé peu après, à demi dévoré. Or, les blessures ne pouvaient pas être le fait d'un caïman. Localement, on accusait le « Maïpolina », un prédateur de 3 m de long, aux allures de fauve, au poil ras, pourvu de pattes fortement griffues, avec une mâchoire impressionnante, et portant une raie sur l'échine. Il s'agirait donc manifestement d'un mammifère, mais on n'en sait pas plus.

Un autre cas est à mentionner. Au Kenya, courent de nombreuses histoires à propos du « Chemosit », aussi appelé « Ours Nandi ». Ce second nom vient du fait qu'il habiterait la région où vit le peuple des Nandis, mais aussi d'une certaine ressemblance avec un ours. Il s'agirait d'un grand mammifère aux allures d'ours ou de très gros babouin, dont la partie antérieure du corps porterait une sorte de crinière, tandis que son arrière-train serait couvert d'un pelage plutôt court. Le museau serait allongé, les oreilles de petite taille, et la queue très courte. Sa démarche serait assez maladroite.

Il ne peut donc pas s'agir d'un canidé ou d'un félidé. On l'a parfois comparé à une hyène à cause de son dos en pente. Des témoins disent qu'il a l'habitude de s'asseoir sur son séant, dans la posture familière aux ours. Des empreintes ont été découvertes, de très grande taille (quatre fois celle d'un pied humain), et qui paraissent indiquer qu'il s'agit d'un plantigrade, comme l'ours. Et des autochtones ont reconnu le Chemosit sur des dessins d'ours. Pourtant, l'hypothèse de l'ours est très difficile à accepter. En effet, hormis dans le Maghreb où ce plantigrade a disparu au début du XXe siècle, il n'y a jamais eu d'ours en Afrique. Et on voit mal comment ce mammifère pourrait survivre en Afrique équatoriale. On serait alors plutôt tenté d'y voir un grand babouin, mais le comportement du Chemosit ne cadre pas vraiment avec celui de ce singe. Il s'attaquerait en effet aussi bien au bétail qu'aux humains, poussant l'audace jusqu'à s'introduire dans les villages pour enlever une fillette de six ans (comme ce fut le cas en 1925). Il aurait également, dans le même village, percé une haie épineuse épaisse de 2,50 m, pour emporter des veaux. Il s'agit donc d'un animal puissant, couvert d'une fourrure très épaisse, et doté de puissantes griffes. Reste à voir, bien sûr, si toutes les exactions qu'on lui impute sont toutes de son fait. L'identité du Chemosit reste donc une énigme, tout comme celles de la plupart des bêtes sanglantes.

1. LA BÊTE DU GÉVAUDAN

Tout commença dans les premiers jours de juin 1764, quand une femme de Langogne, qui gardait ses vaches dans la forêt de Merçoire, fut attaquée. Elle s'en sortit de justesse, car si, curieusement, les chiens s'étaient immédiatement enfuis, les vaches, elles, n'avaient pas hésité à attaquer l'animal, fonçant, cornes basses. La vachère eut donc plus de peur que de mal, s'en tirant avec corsage et tablier en lambeaux, et des griffures un peu partout.

Selon la jeune femme, l'animal ressemblait un peu à un loup, mais avait une tête plus allongée, une gueule énorme, des flancs rougeâtres, une queue très touffue, et une raie noire sur le dos.

Elle décrivit précisément son agresseur.

« *De la grandeur d'un veau avec un poitrail fort large, la tête et le col fort gros, les oreilles courtes et droites, le museau comme celui d'un lévrier, la gueule noire et deux dents très longues lui sortant des deux côtés de la gueule, la queue très ramée, et une raie noire du sommet de la tête à l'extrémité de la queue. Elle se déplace par bonds allant jusqu'à neuf mètres.* »

Une nouvelle attaque eut lieu peu de temps après. À la fin du mois de juin ou au commencement de juillet, une jeune fille de 14 ans disparut à proximité des Habats, à Saint-Étienne-de-Lugdarès. On retrouva son cadavre à demi dévoré ; le foie, les intestins et toutes les parties molles avaient été rongés.

Les attaques vont ensuite se succéder à un rythme effréné.

Au début du mois d'août, une jeune fille de 15 ans, de Puy-Laurent, puis, deux semaines plus tard, un garçon de Chaylard-l'Evesque, qui gardaient leurs bêtes près de Chaudeyrac, furent dévorés. Tous les témoins s'accordèrent à dire que la Bête ne ressemblait que vaguement à un loup, et leur description confirma celle de la jeune femme de Langogne.

Le 6 septembre, vers 19 heures, c'est au tour d'une femme de 36 ans d'être attaquée. Elle travaillait dans son jardin, à Estrets, tout près de sa maison, quand un énorme animal la renversa. Il la saisit à la gorge et la tint serrée, buvant son sang. Des voisins alertés par les cris surgirent, armés de fourches et de serpes. La Bête s'enfuit aussitôt.

Dix jours plus tard, un garçon des Choisinets, à Saint-Flour-de-Merçoire, revenait des pâturages. Il marchait derrière ses vaches, assez loin, quand la Bête bondit sur lui. Il n'eut pas le temps de se défendre que le monstre lui avait déchiré le bas-ventre. Il mourut dans les minutes suivantes.

Le 28 septembre, à Rieutort, une fillette de 12 ans rentrait seule des pâturages et arrivait à proximité du village. « *Sa mère la voyait venir de loin. Au sortir d'un petit bois, comme elle contournait une grosse roche surplombant le sentier, on vit une masse sombre tourner autour d'elle. Il y eut un petit nuage de poussière. On vit de loin des vêtements retournés. La mère, les deux frères de la petite fille accoururent. Elle n'était guère qu'à cinq minutes du village. Ses restes étaient méconnaissables… ventre fouillé, peau du crâne arrachée et rabattue sur le visage.* »

On trouva des traces de la Bête, parfaitement visibles, sur les bords du ruisseau voisin. Elles évoquaient un peu celles d'un loup, mais s'en distinguaient nettement par certains détails : le talon était plus marqué, et plat, et on voyait des marques laissées manifestement par des griffes et non des ongles (rappelons que les loups, qui sont des canidés, n'ont pas de griffes, mais des ongles, comme les chiens).

Des battues commencèrent à s'organiser, mais sans succès.

Qu'auraient pu faire, de toute façon, des paysans armés de leur courage et de quelques armes de fortune ? À cette époque, les paysans n'avaient pas de fusils ; les nobles se gardaient bien de leur en fournir, sachant que les premiers coups de feu risquaient de leur être destinés.

La Bête continua son carnage. Le 7 octobre, elle tuait et mutilait affreusement une jeune fille de 20 ans au village d'Apchier. Le lendemain, un garçon de 15 ans fut attaqué au Pouget, à Fau-de-Peyre. La Bête bondit sur lui alors qu'il passait dans un sentier. Il la vit au dernier moment, elle était aplatie au sol et semblait ramper en s'approchant de lui. Il se figea, et au premier mouvement qu'il fit pour s'enfuir, la Bête fut sur lui. Il tomba à terre, mais, par chance, il n'avait pas lâché sa « baïonnette » (coutelas emmanché au bout d'un long bâton), et la Bête dut se piquer dessus, car elle lâcha prise. À ce moment, des garçons accoururent, lançant une grêle de pierres sur le monstre, qui s'enfuit. Le malheureux garçon s'en tira avec la peau du crâne arrachée, et trois profonds coups de griffes à la poitrine.

Le même jour, la Bête fut aperçue et tirée par deux chasseurs attachés à la noblesse (ce qui explique qu'ils eussent des fusils). Elle tomba sur le coup, mais se releva aussitôt. Les chasseurs épaulèrent de nouveau, et la Bête retomba… pour se relever encore et s'enfuir dans un bois ! Sa course paraissait alors moins assurée, mais elle était toujours plus rapide que les hommes. Ceux-ci parvinrent à la toucher encore une fois. Elle se releva une fois de plus et disparut. On crut la trouver morte le lendemain, mais bien au contraire, non seulement on ne la retrouva pas, mais elle fit plusieurs victimes dans les jours suivants.

La panique était alors à son comble, et une véritable psychose s'installa. Les habitants de la région ne sortirent plus qu'armés de la «baïonnette», du «pardou» ou «paradou» (lame en acier, très aiguisée, servant à dégrossir les sabots avant la taille), du «barenclou» (tige garnie de pointes) ou de la «fourchine» (fourche en bois, à trois dents).

Le 10 octobre, la Bête attaqua un garçon de 12 ans, aux Cayres, près de Rimeize. Il allait chercher de l'eau à la fontaine quand le monstre avait soudain surgi de nulle part. Pris de panique, le garçon lâcha sa cruche et sa baïonnette, et chercha à fuir, ce qui le perdit. La Bête fondit sur lui. Il eut la peau du front et l'arrière du crâne emportés. Par chance, deux lavandières accoururent et se ruèrent courageusement sur la Bête et la firent lâcher prise à coups de battoirs.

La Bête du Gévaudan, d'après le frontispice d'un livret populaire d'époque :
Figure de la bête farouche…

Le jour suivant, le monstre reparaissait pour attaquer trois enfants, entre Rimeize et Fontans, un garçon de treize ans, un autre de six ans, et leur sœur de dix ans. Quand la Bête avait saisi la petite fille, son frère aîné s'était aussitôt porté à son secours et avait obligé l'animal à lâcher prise en lui labourant le flanc à l'aide d'un «paradou» fiché au bout d'un épieu. La Bête n'insista pas et s'enfuit. Ceci démontrait une fois de plus qu'il ne fallait pas chercher à fuir, ce qui revenait le plus souvent à signer son arrêt de mort, mais au contraire à résister et à frapper la Bête. La défense et l'attaque étaient les seuls moyens pour avoir une chance de s'en sortir, et nombre d'enfants en réchappèrent en ayant la présence d'esprit de ne pas fuir. La Bête, en effet, était agressive, mais pas très courageuse.

La description donnée par les enfants montra une fois de plus que l'on n'avait pas affaire à un loup. Malgré cela, les battues s'obstinaient stupidement à traquer les loups, 74 avaient été tués à la fin du mois d'octobre (notons par ailleurs que les gravures d'époque, comme les illustrations ultérieures, s'obstinèrent, elles aussi, à représenter la Bête du Gévaudan sous les traits d'un loup). Tous les rapports concordaient pourtant et rejoignaient la première description.

L'animal était plus gros et plus fort qu'un loup, grand « comme un veau » et l'échine rayée de noir. Sa démarche variait selon la situation, plutôt lourde au pas, mais souple et « féline » quand elle rampait pour approcher de sa proie. L'animal était rapide à la course. On notait les oreilles pointues et très droites, une queue longue et touffue, très mobile ; ou encore la taille énorme de la mâchoire et de la tête, disproportionnées par rapport au reste du corps, et l'effilement prononcé du museau, évoquant celui d'un lévrier.

En novembre, un détachement de dragons fut envoyé sur place, avec à sa tête le capitaine Duhamel, 17 cavaliers et 40 hommes à pied.

Si la population locale accueillit leur arrivée avec un certain soulagement, elle ne se faisait pas d'illusions pour autant. Elle ne croyait guère à la réussite de ces soldats dont le métier était de faire la guerre et non de traquer une bête sanguinaire. Comment ces hommes à cheval, lourdement chargés, pourraient-ils poursuivre la Bête dans les bois et les ravins de cette région montagneuse ? Les gens gardaient toutefois espoir, car les soldats organisaient des battues avec des centaines de paysans et des chasseurs venus de toute la France.

La Bête sentit-elle le danger ? En tout cas, après avoir semé la terreur dans le Vivarais et le Gévaudan, elle se déplaça à l'arrivée des soldats, et gagna l'Aubrac et la Margeride, où elle continua ses massacres au nez et à la barbe des dragons totalement inefficaces, si ce n'était pour « piller » les fermes et ravager les champs.

Trois semaines durant, la Bête disparut du Gévaudan, mais ce ne fut qu'un court répit. Elle reparut soudainement le 25, tuant une femme au sud de Saint-Chély. Les dragons s'y rendirent immédiatement et restèrent à l'affût pendant trois jours autour du cadavre, espérant que le monstre reviendrait lécher le sang de sa victime. En vain.

Duhamel décida de changer de tactique, et il divisa sa troupe en plusieurs petits groupes.

La Bête disparut alors pendant trois semaines. Elle reparut le 22 décembre, dévorant une fillette au Fau-du-Peyre. Le jour suivant, elle fut aperçue dans la même paroisse, et Duhamel réussit à la prendre au piège dans un bosquet. Cette fois, il pensait bien en finir avec elle, mais alors que les soldats et leur chef se ruaient sur elle, elle réussit à leur échapper de justesse, et s'enfuit. Deux dragons se lancèrent à ses trousses et la tirèrent au pistolet, la manquant de peu. Elle franchit d'un bond une muraille trop haute pour les chevaux et disparut derrière, confirmant sa réputation d'être insaisissable.

Les deux dragons la décrivirent comme « *aussi grosse que les plus gros chiens connus, fort velue, de couleur brune, ventre fauve, tête fort grosse, deux dents très longues sortant de la gueule, oreilles courtes et droites, queue fort ramée qu'elle dressait haut en courant*».

Le lendemain, le 24, elle tua un garçon à Chaulhac, puis un autre le 27. Nouvelle attaque le 1er janvier 1765, puis le 3 et encore le 6. Le 12, elle s'attaqua à un groupe d'enfants, dont l'aîné, Jacques-André Portefaix, est resté célèbre pour sa bravoure.

La *Gazette de France* du 18 février suivant rapporta l'histoire et fit du jeune Portefaix un héros dans tout le pays.

« *Cinq petits garçons du village de Villaret, paroisse de Chanaleilles, gardaient le bétail au sommet d'une montagne. Les trois plus grands avaient environ douze ans, les autres huit à neuf. Ils étaient accompagnés de deux petites filles à peu près du même âge. Chacun était armé d'un bâton garni d'une lame pointue de quatre doigts de longueur. La Bête féroce vint les surprendre et ne fut aperçue que lorsqu'elle était tout près d'eux. Ils se rassemblèrent au plus vite et se mirent en défense. La Bête les tourna deux ou trois fois, et enfin s'élança sur un des plus jeunes garçons. Les trois plus grands fondirent sur elle et la piquèrent à plusieurs reprises sans pouvoir lui percer la peau. Cependant, à force de la tourmenter, ils lui firent lâcher prise. Elle se retira à deux pas après avoir arraché une partie de la joue droite du petit garçon et se mit à manger devant eux ce lambeau de chair. Bientôt après, elle revint à l'attaque avec une nouvelle fureur. Elle saisit par le bras le plus petit de tous et l'emporta dans sa gueule. L'un d'eux, épouvanté, proposa aux autres de s'enfuir pendant qu'elle dévorait celui qu'elle venait de saisir. Mais le plus grand, nommé Portefaix, qui était toujours à la tête des autres, leur cria qu'il fallait délivrer leur camarade ou périr avec lui. Ils se mirent donc à poursuivre la Bête et la poussèrent dans un marécage qui était à cinquante pas. Le terrain était si mou qu'elle s'y enfonçait jusqu'au ventre. Cela retarda sa course et donna à ces enfants le temps de la joindre. Comme ils s'étaient aperçus qu'ils ne pouvaient lui percer la peau avec leurs espèces de piques, ils cherchèrent à la blesser à la tête, surtout aux yeux. Ils lui portèrent effectivement plusieurs coups dans la gueule qu'elle tenait continuellement ouverte. Mais ils ne purent lui rencontrer les yeux. Pendant la lutte, elle tenait toujours le petit garçon sous sa patte. Mais elle n'eut pas le temps de le mordre parce qu'elle était trop occupée à esquiver les coups. Enfin, les enfants la harcelèrent avec tant de constance et d'intrépidité qu'ils lui firent lâcher prise une seconde fois. Le petit garçon qu'elle avait emporté n'eut d'autre mal qu'une blessure au bras et une égratignure au visage.* »

C'est à ce moment qu'un homme apparut et courut pour les aider, puis trois autres. La Bête n'insista pas et fit demi-tour, elle alla se jeter dans un ruisseau à une demi-lieue de là (environ deux kilomètres), puis elle se roula tranquillement dans l'herbe avant de disparaître.

Après une enquête sérieuse, le jeune Portefaix fut récompensé par le roi, et reçut 400 livres, il fut éduqué aux frais du royaume et devint plus tard officier d'artillerie. Les autres enfants se partagèrent 300 livres.

La Bête, elle, continua ses attaques en toute impunité, insaisissable.

En désespoir de cause, Duhamel tenta une ruse grossière. Comme la Bête s'en prenait plutôt à des femmes et des enfants, il fit revêtir à plusieurs de ses hommes des vêtements de femme, dans l'espoir que la Bête s'y laisserait prendre. En vain.

Pendant ce temps, à la Cour, le roi commençait à s'impatienter et exigeait des résultats. Le capitaine Duhamel organisa donc, le 7 février, une énorme battue regroupant des hommes de 73 paroisses du Gévaudan et de 30 d'Auvergne et du Rouergue. Quelque 20 000 paysans furent ainsi mobilisés et battirent la campagne avec les soldats et de nombreux chasseurs.

La Bête fut aperçue quelques jours plus tard et tirée par cinq chasseurs. Une fois de plus, elle tomba mais se releva et s'enfuit.

Ce nouvel épisode ne fit que conforter les paysans dans leur certitude que c'était une bête surnaturelle et invulnérable, qui « charmait » les armes à feu.

Une nouvelle battue eut lieu le 10 février, puis une autre le jour suivant, toujours sans succès. Entre les deux premières battues, la Bête avait encore tué une jeune fille de Mialanette, le 9. Elle attaqua de nouveau le 21, puis le 24. Le lendemain, elle s'en prit, au beau milieu du village de Javols, à deux enfants qui puisaient de l'eau à la fontaine. Ils ne durent leur salut qu'à l'intervention d'un gros chien qui se jeta sur le monstre et lui fit lâcher prise.

Ce fut à cette époque que le roi décida d'annuler la mission du capitaine Duhamel, dont les méthodes inefficaces mécontentaient beaucoup de gens, tant chez les nobles participant à la chasse que chez les paysans.

Au matin du 1er mars, Jacques Denis gardait des vaches, des chèvres et des moutons sur une pente un peu à l'est du Malzieu, avec ses deux sœurs, Jeanne et Julienne. Il avait allumé un feu à l'abri d'une grosse roche. Tout à coup, la Bête surgit de nulle part et sauta sur Jeanne, lui happant la tête. Jacques, qui était assis à côté d'elle, fut bousculé et jeté à terre. Il se releva d'un bond. Son « paradou » était resté sur la roche, mais cela ne l'empêcha pas de porter secours à sa sœur. À mains nues, il se jeta sur le monstre et parvint à lui faire lâcher prise et à le pousser contre le feu, et à le maintenir contre les tisons ardents. Avec un hurlement, la Bête se détacha de son étreinte et s'enfuit. Jacques tira sa sœur pour l'éloigner du feu qui commençait à brûler son jupon. Elle portait deux plaies sanglantes derrière les oreilles, une déchirure à l'épaule, et était évanouie, mais elle était toujours vivante. À ce moment, Julienne, qui s'était éloignée quelques minutes auparavant pour ramener les vaches qui s'écartaient, revint en courant. Le frère et la sœur ramenèrent Jeanne à la maison. Celle-ci resta dans un état semi-comateux des semaines durant, et il lui fallut des mois pour retrouver la mémoire et la parole. Traumatisée, elle ne recouvra jamais toute sa raison.

La Bête, elle, continua ses exploits sanglants.

Le 14 mars, eut lieu une attaque au déroulement étonnant, qui fut rapportée par la *Gazette de France* du 22 mars.

« Le 14 de ce mois, une femme du Pouget […]*, étant vers le midi, avec trois de ses enfants sur le bord de son jardin, fut attaquée brusquement par la Bête féroce, qui se jeta sur l'aîné de ces enfants, âgé de dix ans, lequel tenait entre ses bras le plus jeune, encore à la mamelle. La mère, épouvantée, alla au secours de ses deux enfants et les arracha tour à tour de la gueule de cet animal, qui, lorsqu'on lui en ôtait un, se saisissait de l'autre. C'était surtout le plus jeune qu'elle attaquait avec le plus d'acharnement. Dans ce combat qui dura quelques minutes, cette femme courageuse reçut, ainsi que ses deux enfants, plusieurs coups de tête de l'animal, qui déchira et mit en lambeaux leurs habits. Enfin, voyant qu'on lui enlevait ses deux proies, la Bête féroce alla se jeter avec fureur sur le troisième enfant, âgé de six ans* […]*, dont elle engloutit la tête dans sa gueule. La mère accourut pour le défendre : après avoir fait des efforts inutiles pour arrêter cet animal, elle sauta à califourchon sur son dos, où elle ne put se tenir longtemps. Pour dernière ressource, elle chercha à saisir la Bête par une des parties de son corps qu'elle jugea la plus sensible. Mais les forces lui man-*

quant tout à fait, elle fut obligée de lâcher prise et de laisser son enfant à la merci du monstre. Dans ce moment, un berger, apercevant cet animal qui emportait l'enfant, accourut armé d'un bâton, au bout duquel il avait attaché une lame de couteau. Il porta quelques coups à la Bête, mais sans lui pouvoir faire aucun mal. Elle sauta par-dessus une haie et un tertre de dix pieds de haut, tenant toujours l'enfant dans sa gueule. Le berger avait avec lui un mâtin de la plus haute taille qui courut après la Bête, la joignit à trente pas de là et donna dessus […]. Elle laissa alors tomber sa proie et, se retournant vers le chien, elle l'enleva d'un coup de tête sans le mordre et le fit tomber à vingt pas de là. Après quoi, elle prit la fuite […]. »

La mère, Jeanne Chastan, reçut du roi pour son acte de courage une récompense de 300 livres.

En avril, les dragons de Duhamel quittèrent la région, remplacés par deux louvetiers normands, les Denneval, père et fils, qui n'obtinrent pas plus de résultats. Toutefois, durant leur présence, des nobles du Gévaudan, les frères Martel de la Chamette, aperçurent la Bête entre Rimeize et Saint-Chély, alors qu'elle guettait un berger. Ils allèrent tous trois s'embusquer au-dessous d'un pâturage, et l'un d'eux la poussa vers ses frères, qui la tirèrent. Les deux coups la touchèrent, car elle tomba, mais se releva à chaque fois, et parvint de nouveau à s'enfuir dans un bois. Ils la suivirent et découvrirent de nombreuses taches de sang, mais, le jour déclinant, n'osèrent pas s'aventurer plus loin. Considérant la grande quantité de sang qu'elle avait perdue, ils crurent qu'elle agonisait quelque part.

Le lendemain, ils revinrent en force et fouillèrent le bois, mais ne trouvèrent que des traces de sang.

Le jour même, la Bête tuait une jeune fille, près de Venteuges.

Cette fois, c'en était trop. Louis XV dépêcha sur place le lieutenant de ses chasses, François Antoine, dit Antoine de Beauterne, considéré comme le meilleur fusil du royaume. Il arriva en Gévaudan le 21 juin.

Entre temps, la Bête avait continué son carnage. Le 24 mai, elle avait tué Marguerite Martin, une amie proche de Jacques Denis. Celui-ci, fou de rage, réunit une troupe et des chiens, et partit sur les traces du monstre. Lorsqu'ils arrivèrent à Amourettes, ils apprirent que deux enfants venaient d'être attaqués. Un peu plus tard, ils parvinrent aux environs de Mazet. Là, une fillette de 13 ans venait juste d'être tuée. Un quart d'heure après l'attaque d'Amourettes ! Jacques Denis tomba un peu plus tard sur la Bête, à proximité de Marsillac. Elle fonça sur lui. Pour la seconde fois, il lutta contre elle, la piquant de sa lame. À ce moment, des gens de Marsillac arrivèrent en poussant de grands cris. La Bête recula et s'enfuit.

En juin, les Donneval quittèrent le Gévaudan, laissant la place à François Antoine. Le jour même de son arrivée, la Bête tua un garçon de 14 ans, une femme de 45 ans et une petite fille.

Durant les trois premiers mois, le lieutenant des chasses royales n'agit pas beaucoup, se contentant d'établir le plus clairement possible cartes et relevés du parcours de la Bête.

Le 21 septembre, il passa enfin à l'attaque. Il partit avec sa troupe vers le village de Pommier, où la Bête venait d'être signalée. Il se rendit aussitôt dans le bois, guidé par son intuition, fit encercler le ravin de Béal, s'ouvrant dans une large clairière. Il se posta avec quelques tireurs d'un côté de la clairière, tandis que les rabatteurs tentaient de pousser la Bête vers eux. De cette façon, si elle se trouve bien là, elle n'aura d'autre choix que de passer par la clairière, et ainsi se découvrir.

Tout à coup, la Bête apparut, fonçant vers les tireurs, les chiens courant derrière elle. Elle sentit alors l'odeur des hommes devant elle et chercha la faille dans le piège, sans la trouver. Elle était cernée. Elle ralentit alors sa course, et se mit à trotter. À ce moment, François Antoine épaula, ajusta sa cible et tira. La Bête s'abattit d'un bloc, touchée à l'épaule, tandis qu'une autre balle lui traversait l'œil droit et le crâne.

Sûr de sa victoire, le tireur sonna l'hallali.

Mais, stupéfaits, les hommes la virent se relever. Aussitôt, un garde tira et la toucha à la cuisse. Et là, alors que les chasseurs convergeaient vers elle, elle réussit à nouveau à trouver une issue, passa la lisière du bois et déboucha dans une pâture.

Cette fois, elle n'alla cependant pas plus loin. Terrassée par un autre coup de feu, elle s'effondra.

Le 8 octobre suivant, la *Gazette de France* titrait : « *La Bête est morte !* »

L'animal tué par Antoine de Beauterne était un grand « loup » de 5 pieds 7 pouces et demi de long au total (1,43 m pour le corps et la tête, 47 cm pour la queue), de 32 pouces de haut (86,4 cm), pour un poids de 130 livres (65 kg). Il avait des dents puissantes (crocs de 3,3 cm), un pelage aux flancs roux, avec une tache blanche sur la gorge, et une raie sur le dos.

On fit venir plusieurs personnes attaquées récemment, et toutes déclarèrent que l'animal mort était bien leur agresseur.

La dépouille fut naturalisée et ramenée à la cour. On perdit ensuite sa trace, elle aurait été conservée au Muséum d'histoire naturelle de Paris quelque temps.

L'affaire paraissait réglée.

Et pourtant !

Si beaucoup se réjouissaient, d'autres restaient sceptiques. Certains observateurs, plus attentifs, se posaient des questions sur certains éléments de cette histoire.

Dans son rapport, Antoine écrivait : « *Ayant été informé que les loups faisaient beaucoup de ravages dans les bois des Dames de l'abbaye royale des Chazes, j'ai envoyé, le 18 dudit mois, les sieurs Pélissier et Lacour, gardes-chasses, et Lafeuillée, valet des limiers, pour reconnaître les bois de ladite réserve. Et le lendemain 19 dudit mois, ils nous auraient envoyé avertir par le sieur Bonnet qu'ils auraient vu un gros loup assez près et qu'ils auraient pleine connaissance aussi dans lesdits bois d'une louve avec des louveteaux assez forts. Ce qui nous a fait partir tout de suite pour aller coucher audit lieu des Chazes, distant du Besset de trois petites lieues.* »

Plusieurs éléments laissent déjà rêveur. D'abord, pourquoi Antoine qui, depuis trois mois qu'il est sur place, n'a rien entrepris, se décide-t-il à agir si soudainement ? Il est certes question d'un gros loup, mais rien n'indique qu'il puisse s'agir de la Bête. Depuis qu'il est en Gévaudan, de nombreux rapports ont fait état de « gros loups », alors pourquoi en tient-il compte cette fois et pas les fois précédentes ? L'intuition, le flair du chasseur ? L'explication paraît un peu mince.

Ensuite, comment a-t-il pu aller du Besset aux Chazes en si peu de temps avec armes et bagages, alors qu'il était supposé être pris au dépourvu et n'avoir rien préparé ? Car les « trois petites lieues » dont il parle, c'est la distance à vol d'oiseau ; sur le terrain accidenté, il faut en compter dix au minimum. Il dit en effet être parti le 20, et arriva le lendemain. Cela paraît difficile à accepter. Quelle que soit la route, cela représente un trajet de quarante kilomètres au minimum, dans un terrain très accidenté, avec un équipage lourd et lent. Il faut passer l'Allier en empruntant le bac pour pouvoir aller jusqu'aux Chazes. Cette région montagneuse est d'un accès difficile et les très bons cavaliers ont du mal à y grimper. On a du mal à croire qu'Antoine et son équipage n'auraient pas mis plus de temps que ses éclaireurs. Il aurait fallu, en outre, voyager aussi de nuit pour aller si vite, ce qui est tout simplement impensable. Antoine n'aurait donc pu aller aussi vite que si tout avait été prêt à l'avance ; or, il affirme être parti au pied levé.

Il en va de même pour Pélissier, Lacour et Lafeuillé, qui, bien qu'ignorants du pays, ont fait le trajet en un temps record, et ont dû aussi voyager de nuit. Ils sont partis le 18, sont arrivés le 19 en fin de matinée, et, par un hasard incroyable, tombent immédiatement sur un gros loup, et le voient «d'assez près». Ils parviennent alors à faire le trajet inverse encore plus vite, puisqu'ils avertissent Antoine le même jour.

D'autre part, Antoine dit dans son rapport: « *Et le lendemain, 21ᵉ jour, lesdits valets des limiers et le nommé Berry, valet des chiens, nous ayant fait rapport qu'ils avaient détourné ledit grand loup, la louve et ses louveteaux dans les bois de Pommier, dépendant de ladite réserve, nous nous y sommes transportés avec tous les gardes-chasses et quarante tireurs de la ville de Langeac et des paroisses voisines* […] »

D'où viennent ces tireurs miraculeux? Comment se fait-il qu'ils aient été prêts à partir? Antoine n'a pas pu avoir les informations de ses envoyés que le 19 au soir, il est parti le 20 au matin. Comment a-t-il pu regrouper quarante tireurs aussi vite? Et, une fois sur place, il faut placer tireurs et rabatteurs, préparer le terrain. Tout cela prend encore du temps.

Non, décidément, tout cela sent la mise en scène; et d'autres détails encore laissent rêveur.

À l'approche de cet équipage bruyant, la Bête serait restée là, bien tranquille, sans s'enfuir! Et comment Antoine savait-il qu'elle était dans le ravin? Il n'avait laissé personne sur place qui eut pu lui fournir ce renseignement. Ses éclaireurs disent avoir vu un grand loup dans le bois de Pommier, sans plus de détails. L'argument de l'intuition paraît quand même un peu mince.

Et la Bête, qui a montré à plusieurs reprises combien elle était rusée, en échappant plusieurs fois à des pièges du même type que celui-là, se laisse prendre cette fois! Elle a même la « politesse » de déboucher devant Antoine en personne, et de se laisser complaisamment ajuster!

Il faut encore ajouter à cette mascarade que, selon l'intendant d'Antoine, le fusil de celui-ci était chargé de « *cinq coups de poudre, une balle et trente-cinq chevrotines* ». Et non seulement le fusil n'explose pas, mais Antoine supporte le recul sans coup férir ou presque, se contentant de « *rompre de deux pas* ». C'est proprement invraisemblable, une telle charge quintuple aurait dû l'expédier violemment en arrière.

D'ailleurs, Magny de Mérolles, considéré comme le plus grand expert en armes à feu de l'époque, écrivait: « *Quiconque connaîtra bien les armes et l'effet de la poudre, et surtout de la poudre royale ou de saint Joseph dont M. Antoine se servait, ne se persuadera pas aisément qu'un homme puisse soutenir aisément le recul de cinq charges de poudre ni même de quatre* ».

Le procès-verbal des chirurgiens de Clermont (Archives du Puy-de-Dôme, C.1734) contient également des choses curieuses. Il mentionne, notamment,

« *une cicatrice à la face interne de l'épaule droite qui pénétrait jusqu'au muscle. Plusieurs cicatrices aux deux poignets ou à la partie antérieure inférieure des pattes de devant. La peau percée en différents endroits par de gros plombs ou chevrotines, surtout sur le flanc gauche* ».

Il faudrait donc admettre que les chevrotines se sont miraculeusement regroupées pour toutes toucher l'épaule droite et, d'autre part, que cet impact, qui aurait dû, dans ce cas, proprement arracher l'épaule, n'a, en réalité, fait qu'une blessure pénétrant seulement jusqu'au muscle !

Et d'où viennent ces impacts sur le flanc gauche ? Selon Antoine, le loup a été touché à droite, et ce ne peut être les balles du second tireur (qui, signalons-le au passage, se trouvait être le neveu d'Antoine), car le rapport précise que le « loup » a été touché *dans le derrière*.

Et que dire des blessures aux pattes de devant, qui font curieusement penser à celles d'un animal pris au piège ?

Évidemment, il y a les témoins ayant reconnu formellement le « loup » d'Antoine comme leur agresseur. Or, on peut difficilement penser qu'ils auraient menti contre rémunération, car cela se serait su. Il est plus vraisemblable qu'ils aient bien été attaqués par cet animal. Mais était-ce la Bête pour autant ?

Toute cette histoire sent la mise en scène, comme l'avait déjà bien montré Abel Chevalley dans son étude, et les éléments douteux sont trop nombreux pour pouvoir accepter la version « officielle ».

Ainsi, comment Antoine avait-il pu réunir ces témoins aussi vite ?

La dépouille serait partie le 22 au matin. La présentation des témoins n'a donc pu se faire que le 21, jour même de la mort de la « Bête ». À la fin de cette journée décidément très chargée, il a donc fallu refaire les dix lieues jusqu'au Besset, faire chercher dix personnes n'habitant pas sur place mais dans divers villages des alentours, les interroger, rédiger le procès-verbal, faire autopsier le « loup » par un chirurgien (qui n'était pas non plus sur place, puisqu'on est allé le chercher à Saugues). Cela paraît tout de même un peu beaucoup en si peu de temps. D'autre part, la nouvelle de la mort de la « Bête » et la dépouille arrivèrent à Clermont le 22, apportées par le fils d'Antoine. Et là encore, quelque chose cloche. Il n'aurait pu partir que le 22 très tôt le matin dans le meilleur des cas. La route la plus courte passait par Saint-Flour. Or, du Besset à Saint-Flour, il y a dix lieues, et de Saint-Flour à Clermont, trente lieues, ce qui représente un trajet de plus de 20 heures au minimum, en ne prenant presque pas de repos.

De deux choses l'une, soit le loup n'a pas été tué le 21 mais plus tôt, soit le fils d'Antoine n'a pas pu arriver à Clermont avant la matinée du 23 au minimum.

De plus, dans une lettre à l'intendant d'Auvergne, Antoine annonçait le départ de son fils le 20 septembre, et non le 22. En effet, dans cette lettre datée du 20 septembre, il écrivait : « *J'envoie mon fils présenter le premier usage que j'ai fait de ma canardière, et le premier aussi des chiens de la Louveterie* » (Archives du Puy-de-Dôme, C.1736). Et la dépouille est bien arrivée le 22, puisque l'intendant d'Auvergne répondit à Antoine : « *Clermont, 23 septembre 1765. Monsieur, votre fils est arrivé, hier soir, et m'a porté le loup énorme...* » Il est donc bien clair que le loup en question n'a pu être tué le 21 comme annoncé. La preuve est d'ailleurs apportée par la cote de la pièce apportée à Clermont, qui indique : « *État du loup tué le 19 septembre* ».

Non, décidément, cette histoire rocambolesque ne pouvait être qu'une vaste fumisterie, et certains pensaient que tout avait été organisé d'avance et que, en conséquence, la Bête, la vraie, était toujours vivante. Les événements ne tardèrent d'ailleurs pas à leur donner raison.

La Bête du Gévaudan, gravure du XIXᵉ siècle.

Dès le 26, elle était signalée, et encore les deux jours suivants, près de Marsillac. Elle fut mise en fuite sans avoir pu attaquer personne.

Deux mois durant, on n'en entendit plus parler, jusqu'à la fin novembre.

Avait-elle disparu ? Non, simplement, sur ordre du roi, il était interdit d'en parler. Mais les nouveaux massacres finirent par délier les langues.

Décembre marqua la recrudescence des attaques. Dès le deuxième jour du mois, la Bête assaillit deux petits vachers aux Hontès-Hauts. Le plus jeune, âgé de 7 ans, fut tué, tandis que le second parvint à fuir en la frappant de sa lame. Sa description correspondait aux précédentes.

La Bête fera encore plusieurs victimes durant ce mois, paraissant redoubler de sauvagerie. Une jeune fille de Julianges fut emportée. On ne retrouva d'elle, le lendemain, que deux moignons de bras et des lambeaux de vêtements ensanglantés. Le 21, la petite Agnès Mourgue, 11 ans, fut proprement lacérée.

Le carnage continua ainsi encore un an et demi, dans l'indifférence quasi totale de la Cour. Officiellement, la Bête était morte, et il était interdit d'en parler. Depuis l'affaire du « loup » d'Antoine de Beauterne, la *Gazette de France* ne parlait plus du Gévaudan. À la fin de l'année 1766, le roi accorda un secours exceptionnel de 1 200 000 livres pour aider les populations du Languedoc touchées par de fortes intempéries et inondations… mais rien pour le Gévaudan.

En 1767, les familles avaient renoncé à déclarer les morts, et les autorités locales ne voulaient plus les enregistrer. Durant cette période de silence, des dizaines d'enfants et de femmes furent tués ou blessés. La Bête pouvait alors agir en toute liberté, et elle ne s'en privait pas. Toutes ces attaques eurent lieu dans un rayon de quelques kilomètres autour de Paulhac.

Enfin, au bout de presque deux ans de silence, la *Gazette de France* évoqua de nouveau la tuerie du Gévaudan, dans son numéro du 11 mai 1767.

Un mois plus tard, le 19 juin, le marquis d'Apchier organisa une nouvelle battue, à laquelle participèrent 300 chasseurs et rabatteurs. Parmi eux, Jean Chastel. Une messe avait été célébrée à Notre-Dame de Beaulieu, au pied du mont Chauvet, lors de laquelle Jean Chastel fit bénir son fusil et trois cartouches… moyen reconnu pour tuer les loups-garous. Notons que beaucoup de paysans pensaient que la Bête était un loup-garou, et les soupçons s'étaient posés sur Antoine Chastel, le fils de Jean, un demi-sauvage un peu fou, ayant très mauvaise réputation.

Lors de la chasse, Jean Chastel se posta sur la Sogne d'Auvert. Il lisait les Litanies de la Vierge, mais prit le temps de finir quand la Bête déboucha vers lui. Ensuite, calmement, il plia et rangea ses lunettes. Enfin, il épaula. La Bête à ce moment avait ralenti et stoppé sa course. Elle ne chercha pas à fuir, comme si elle attendait quelque chose. Alors, Jean Chastel tira et la Bête s'effondra. Elle avait fini de tuer. Après trois années de carnages presque ininterrompus, le Gévaudan pouvait enfin respirer. Là où la Bête tomba, la tradition affirme que l'herbe ne poussa jamais plus.

Durant ces trois années de terreur, la Bête avait tué, officiellement, cent personnes, avec une large majorité de femmes et d'enfants.

Mais combien avait-elle fait de morts en réalité ?

Les attaques des derniers mois n'avaient plus été recensées, et combien d'attaques étaient-elles passées inaperçues ou n'avaient pas été déclarées (et à l'inverse, combien d'attaques lui avaient-elles été injustement attribuées, car dans beaucoup de cas, un cadavre avait été retrouvé sans que personne n'ait vu l'agresseur) ?

Curieusement, l'animal tué par Jean Chastel ressemblait beaucoup au « loup » d'Antoine de Beauterne, notamment par une marque blanche au poitrail, des flancs roux. Il avait également des bandes noires sur le cou. Il était cependant moins imposant, 54 kg, seulement. N'était-ce qu'une coïncidence ? Il est permis d'en douter.

La « Bête » de Chastel fut décrite comme un loup, et il paraît que Buffon, qui examina la dépouille, aurait confirmé cette identification, émettant cependant quelques doutes à cause de l'état de putréfaction de l'animal. Certains auteurs modernes y souscrivent, avançant que la Bête était en fait trois énormes loups : celui blessé par les frères Martel, celui tué par Antoine de Beauterne, et celui de Jean Chastel.

En fait, cette hypothèse ne tient pas. En effet, les descriptions des témoins ne correspondent pas à celle d'un loup, de même que le comportement de la Bête. Les paysans du Gévaudan connaissaient bien les loups, encore nombreux en Auvergne à cette époque, auxquels ils avaient fréquemment affaire, et ils ne s'y seraient pas trompés.

Il faut également noter que les animaux tués par Beauterne et Chastel n'étaient manifestement pas des loups, mais plus sûrement des hybrides de chien et de loup. Pour accepter cette hypothèse moderne, il faudrait admettre la présence, dans la même région et la même période, de trois énormes loups ayant un comportement aberrant. Cela paraît très difficile à envisager sérieusement.

Nous l'avons dit, le comportement de la Bête ne correspondait pas à celui des loups. Ceux-ci s'attaquent très exceptionnellement aux humains, et ils chassent de toute façon en bandes. De plus, ils ne décapitent pas leurs victimes, alors que la Bête en décapita quinze.

Non, l'hypothèse du loup est à écarter définitivement.

D'autres hypothèses ont été envisagées.

Beaucoup de paysans, à l'époque des faits, pensaient avoir affaire à un monstre surnaturel, diabolique, ou à un loup-garou. Un certain M. de Gumbera avançait, dès 1764, que la Bête du Gévaudan était en fait un lycaon (canidé sauvage d'Afrique). Par la suite, on a évoqué les idées les plus invraisemblables : une hyène échappée d'une ménagerie, un singe, un glouton, un hybride de tigre et de lion, un loup monstrueux survivant de la Préhistoire, sans parler de l'homme-léopard venu d'Afrique ou du monstre extra-terrestre.

On a aussi dit que la Bête n'était qu'un homme déguisé. Si cette hypothèse ne peut absolument pas s'appliquer à l'ensemble du dossier, certains faits isolés pourraient par contre la justifier. Ainsi, dès l'automne 1764, la Bête est vue en train de franchir un gué en marchant sur ses pattes postérieures. Le 11 août 1765, alors qu'elle attaque Marie-Jeanne Valet et sa sœur Thérèse, la Bête reçoit un coup de « baïonnette » au poitrail : elle pousse alors un hurlement tout en portant la patte antérieure à la blessure. C'est là un comportement typiquement humain. Autre cas, durant l'été 1766, un certain Pierre Blanc affirma avoir lutté contre la Bête, qui se battait debout, et l'homme aurait vu sur son ventre des sortes de « boutons ». S'agissait-il simplement de mamelles d'une femelle, ou de véritables boutons qui auraient fermé un déguisement en peau de bête ? On connaît même un cas où la « Bête », après avoir effectué un saut étonnant, se serait retournée et aurait crié au témoin : *« Avouez que pour un vieillard de quatre-vingt-dix ans, ce n'est pas mal de sauter ainsi ! »*

Nous avons mentionné que les paysans soupçonnaient la Bête d'être un homme-loup. Entre autres méprises ayant fait croire que certains hommes très poilus pouvaient être la Bête, il y a un témoignage intéressant. Une nuit, un nommé Pailleyre, dit Bégou, de Pontajou, fut réveillé. Allant à la fenêtre, il déclara avoir vu un homme très velu se baignant dans le ruisseau. Soudainement, il se transforma en bête et fonça sur le témoin, qui n'eut que le temps de se barricader à la hâte. Mais il reconnut parfaitement l'homme-bête : c'était Antoine Chastel, fils de Jean. Ce témoignage ne paraît pourtant pas concluant, car Antoine Chastel était un demi-sauvage un peu fou, poilu et hirsute, qui avait très mauvaise réputation. De là à y voir un loup-garou, il n'y avait qu'un pas dont on ne s'étonnera pas qu'il ait été franchi.

Nous avons vu que la Bête du Gévaudan ne pouvait en aucun cas être un loup, et que sa description (y compris celle des «loups» d'Antoine de Beauterne et de Jean Chastel) évoquait plus sûrement un hybride de chien et de loup (hypothèse défendue par le zoologue canadien C. H. D. Clarke). Mais ce chien-loup était-il un animal sauvage ou un animal dressé, obéissant à un homme?

En fait, l'étude statistique des agressions démontre que la seconde hypothèse est beaucoup plus vraisemblable. Le zoologiste et cryptozoologiste Jean-Jacques Barloy, qui a mené cette étude, écrit à ce propos : « *On constate donc une nette évolution du style des attaques. Celles-ci, d'abord plus fréquentes dans les jardins ou les chemins, surviennent ensuite plutôt dans les pâturages, puis près des maisons. Les victimes sont, au début, assaillies le soir, puis les heures d'attaque sont davantage réparties dans la journée. Ces différences entre les périodes s'accordent mal avec l'hypothèse, déjà difficilement défendable, mettant en cause un animal sauvage, ou plusieurs. La typologie de ces attaques serait restée homogène. Au contraire, une telle évolution s'accorde beaucoup plus avec les agissements d'un ou de plusieurs hommes.* »

Il est certain également qu'il y a eu non pas une Bête, mais plusieurs. Il y a eu deux chiens-loups, peut-être même trois si l'on compte l'animal tiré par les frères Martel. Mais certaines blessures infligées aux victimes, notamment le décollement des cuirs chevelus, évoquent plutôt l'attaque d'un ours. Certaines descriptions de la Bête évoquent d'ailleurs ce plantigrade. Mais les paysans n'auraient-ils pas reconnu un ours comme tel? Doit-on admettre, dans ce cas, que, en proie à la psychose, on ait pu calquer l'image de la « Bête » sur celle d'un ours? Ou encore que cet ours n'était pas sauvage mais téléguidé, et peut-être même « déguisé » pour ressembler à un monstre inconnu que l'on aurait plus facilement assimilé à la Bête?

Les décapitations constatées sur quinze des victimes sont, elles, très certainement le fait d'êtres humains, et n'avaient sans doute pour but que d'amplifier l'horreur et le caractère surnaturel de la Bête.

Les coupables les plus vraisemblables restent les Chastel, ou du moins l'un d'entre eux, et plus précisément le père, Jean. Que l'on songe à la façon dont il a tué la Bête. Était-il anxieux, inquiet, nerveux, excité? Pas du tout. Il était au contraire d'un calme olympien. Il lit tranquillement, prend soin de ranger ses lunettes, ajuste et tire… comme s'il savait qu'il n'avait rien à craindre. Et il y a surtout le comportement de la Bête. Paraît-elle nerveuse, paniquée, méfiante ? Pas du tout. Elle ralentit tout au contraire sa course et s'arrête, comme si elle attendait quelque chose. Les ordres de son maître ?

Jean Chastel est bien le suspect le plus probable, même s'il n'y a aucune certitude définitive. Mais quelles étaient ses motivations ? Quelle haine farouche pouvait bien le pousser à ordonner de tels massacres ?

On a constaté que le rayon d'action de la Bête correspondait à la partie catholique du Gévaudan, et qu'elle ne touchait pratiquement jamais à la zone protestante. N'était-ce qu'une coïncidence ? Aurait-il pu s'agir d'une sorte de vengeance religieuse pour les massacres de protestants qui avaient eu lieu dans la région ? Certes, la guerre des Camisards s'était déroulée en 1702-1704, et des prêtres catholiques avaient encore été tués par les Huguenots en 1752, mais, même si les rancunes et les haines étaient encore tenaces, l'argument paraît tout de même un peu faible, même si certains historiens ont rapporté qu'Antoine Chastel avait fréquenté les Huguenots du Vivarais. Et puis, Jean Chastel semble un suspect beaucoup plus crédible que son fils. Antoine aurait pu dresser les animaux (on dit qu'il le faisait alors qu'il était prisonnier des Barbaresques), mais on le voit mal orchestrant toute cette affaire.

On a aussi envisagé que derrière les Chastel, c'était la perfide Albion qui tirait les ficelles. On n'a pas manqué de rappeler qu'il existait des liens plus ou moins étroits entre les anglicans et les protestants. On a rappelé que la presse anglaise s'était emparée de l'affaire pour ridiculiser les Français. Mais la presse anglaise a toujours saisi le moindre prétexte pour se moquer des Français. L'affaire du Gévaudan aurait alors pu être une sorte de guerre psychologique menée par les Anglais. C'est possible, après tout, mais on conviendra que l'on ne voit guère quel profit aurait pu en tirer l'Angleterre.

Nous savons donc que la Bête du Gévaudan n'était pas un loup, mais plusieurs chiens-loups dressés, et peut-être d'autres animaux dressés encore (un ours, et peut-être un hybride de chien et d'hyène). Le coupable pourrait bien être Jean Chastel. Mais quant aux motivations, l'affaire reste toujours une énigme. Énigmatique reste aussi l'incroyable vitalité de la Bête, qui, blessée à plusieurs reprises, se relève et s'enfuit, apparemment à peine ébranlée par ses blessures. Cette vitalité a-t-elle été exagérée par la psychose ? On peut se le demander, et ces questions resteront sans doute sans réponse.

2. La Bête de l'Auxerrois

En novembre 1731, un jeune garçon de 12 ans était attaqué près de Trucy, dans la région d'Auxerre. C'était le premier « exploit » d'un fauve de nature indéterminée, que l'on appela ensuite la Bête de l'Auxerrois. Bientôt, les paysans ne sortirent plus qu'armés. Le roi Louis XV fit annoncer à M. Baudesson, maire d'Auxerre, qu'il offrait 200 livres à quiconque tuerait la Bête. Malgré les battues, elle n'en continua pas moins ses massacres. Comme d'habitude, on accusa les loups, et de nombreux furent abattus, bien que rien ne prouvât leur culpabilité. Cette fois encore, le comportement de la Bête n'avait pas grand rapport avec celui d'un loup. La Bête fut décrite, de façon imprécise, comme un grand loup ou un tigre. Comme la Bête du Gévaudan et celle du Vivarais plus tard, elle poussait parfois l'audace jusqu'à attaquer dans les villages même. Ainsi, à Mailly-la-Ville, elle enleva un enfant qui était assis sur une chaise devant la maison de sa nourrice. Cette dernière essaya de le soustraire au monstre : il ne lui resta que le pied de l'enfant dans la main.

La Bête de l'Auxerrois sévit trois ans durant, et tua un total officiel de 28 personnes, dix hommes, neuf femmes et neuf enfants dont le sexe n'est pas précisé. Les âges étaient variables : dix-sept avaient moins de douze ans, trois entre douze et vingt ans, une seule victime avait plus de vingt ans, en l'occurrence une femme. L'âge des sept autres victimes est inconnu. On note donc une différence avec l'affaire du Gévaudan. Alors que la Bête de l'Auxerrois semble s'attaquer autant aux hommes qu'aux femmes, celle du Gévaudan s'en prendra essentiellement à des femmes. L'âge des victimes est également significatif. Alors qu'au moins 40 % des personnes tuées par la Bête du Gévaudan étaient des enfants de moins de 12 ans (et 25 %, au moins, de 12 à 20 ans), les victimes de celle de l'Auxerrois étaient au moins à 60 % des enfants de moins de 12 ans (par contre, celles de 12 à 20 ans ne représentaient qu'au maximum 10 %). Dans le cas de la Bête du Gévaudan, les victimes adultes constituaient au moins 13 % du total (sachant que 22 des victimes étaient d'âge indéterminé), et seulement 3,6 % pour la Bête de l'Auxerrois. Ces chiffres paraissent indiquer que la Bête de l'Auxerrois était un animal sauvage et non dirigé, d'autant plus qu'il n'y eut aucune décapitation en Auxerrois. Mais l'identité de cet animal reste cependant incertaine, sinon qu'il ne s'agissait probablement pas d'un loup. Notons que l'Auxerrois eut affaire à une autre bête sanglante, en 1817, qui, elle aussi, resta énigmatique.

3. LA BÊTE DU VIVARAIS

La Bête du Vivarais, encore appelée Bête du Gard ou Bête des Cévennes, sévit aux confins des départements de l'Ardèche et du Gard, de 1809 à 1816, et tua vingt-deux personnes, dont dix-neuf enfants. Elle fut décrite comme un «loup» de la taille d'un âne, portant un pelage brun ou roux, avec, sur le dos, une crinière sombre et hérissée. Les oreilles étaient grandes, le museau allongé, la queue longue et fournie. On nota également des mamelles presque traînantes. On voulut à l'époque y voir une louve venue d'Espagne à la suite des guerres napoléoniennes, mais cette identification reste très sujette à caution. Comme dans les autres affaires du même genre, le comportement de l'animal n'avait pas grand-chose à voir avec celui d'un loup.

En dépit des battues, elle resta insaisissable. L'audace de la Bête du Vivarais était incroyable. Elle attaqua une femme de 34 ans, après les vêpres, juste devant l'église de Saint-André-Capcèze ; elle pénétra jusque dans les maisons ; mangea les deux mains d'un enfant au berceau ; elle aurait même enlevé les épingles des vêtements de ses victimes féminines. Six des personnes tuées furent trouvées décapitées et, parfois, le cou paraissait avoir été coupé par un instrument tranchant.

La Bête du Vivarais tua autant d'hommes que de femmes (onze pour chaque sexe), mais la proportion d'enfants est écrasante (86 % des victimes avaient moins de 12 ans). Ces chiffres paraissent indiquer que l'on avait bien affaire à une bête sauvage agissant librement, mais certains détails laissent perplexe. Comme dans l'affaire du Gévaudan, l'animal décapita (et l'on a vu de quelle façon !) six de ses victimes. Cela, ajouté au fait que, si l'on en croit les récits d'époque, elle enleva les épingles des vêtements de ses victimes féminines, indique qu'il y a eu une intervention humaine (peut-être *post mortem*, mais ne s'agissait-il pas de crimes ainsi maquillés pour qu'ils soient attribués à la Bête ?). Là encore, l'identité de l'animal reste énigmatique.

4. La Bête de Caen

Cette « bête ravissante » (il faut entendre « ravisseuse ») sévit dans les environs de Caen de mars 1632 à juin 1633, et tua au moins trente personnes. Une fois de plus, bien qu'elle ait été identifiée à un loup, son identité reste très incertaine.

La Gazette du 19 mars 1632 rapportait : « De Caen en Normandie. Le 10 dudit mois de mars de l'an 1632. Il s'est découvert depuis un mois dans la forêt de Singlaiz entre ci et Falaise une bête sauvage qui a déjà dévoré quinze personnes. Ceux qui ont évité sa dent rapportent que la forme de cet animal farouche est pareille à celle d'un grand dogue d'une telle vitesse qu'il est impossible de l'atteindre à la course, et d'une agilité si extraordinaire qu'ils lui ont vu sauter notre rivière en quelques endroits. Aucuns l'appellent Therende. Les riverains et gardes de la forêt lui ont bien tiré de loin plusieurs coups d'arquebuse, mais sans l'avoir blessé. Car ils n'osent en approcher, même se découvrir jusqu'à ce qu'ils se soient attroupés comme ils vont faire au son du tocsin ; à quoi les curés des paroisses circumvoisines ont invité tous les paroissiens à ce jourd'hui, auquel on fait étant qu'il s'assemble trois mille personnes pour lui faire la huée. »

Le 17 juin de l'année suivante, *La Gazette* annonçait la fin de la Bête.

« Cette bête furieuse dont je vous écrivais l'année passée ayant depuis deux mois dévoré plus de trente personnes dans cette forêt passait pour un sortilège dans la croyance d'un chacun. Mais le Comte de la Suze ayant par ordre de notre lieutenant général assemblé le 21 de ce mois 5 000 à 6 000 personnes, l'a si bien poursuivi qu'au bout de trois jours elle fut tuée d'un coup d'arquebuse. Il se trouve que c'est une sorte de loup plus long, plus roux, la queue plus pointue et la croupe plus large que l'ordinaire. »

Ici encore, il ne s'agissait manifestement pas d'un loup, la description et le comportement ne correspondant pas. S'agissait-il d'un chien-loup ?

5. LA BÊTE DES VOSGES

Tout commença dans la nuit du 27 au 28 février 1977, quand sept moutons furent égorgés dans un parc de Domèvre-sur-Durbion. On ne s'en alarma tout d'abord pas, car ce genre de carnage survenait assez fréquemment de la part de chiens errants. Mais, le 30 mars au soir, dix bœufs étaient attaqués sans succès à Moriville. Dans la nuit du 31 mars au 1er avril, une biche fut tuée à la lisière de la forêt de Romont, sous les yeux d'une villageoise. Dans la même nuit, douze moutons étaient étranglés à Hadigny-les-Verrières.

Cette fois, des mesures furent prises, et onze chasseurs partirent traquer le mystérieux prédateur, mais ils revinrent bredouilles.

Après une semaine de calme, les attaques reprirent. Au matin du 8 avril, la Bête (car on ne doutait plus à ce moment qu'il s'agisse d'un seul animal) était aperçue à Ortoncourt. Une battue administrative fut organisée dans les bois de Saint-Genest, l'après-midi, là encore sans succès.

Dans la nuit qui suivit, l'animal tua ou blessa trente-quatre brebis à Hadigny-les-Verrières.

Une seconde battue eut lieu, dans la forêt de Châtel, sans plus de succès que la première.

Le carnage continua de plus belle. Le 2 avril, dix moutons furent tués à la ferme de Bouzillon, près de Rambervillers ; le 16, un taurillon fut étranglé à Domèvre-sur-Durbion. Un poulain qui venait de naître fut égorgé le 27 avril, à Rehaincourt, malgré la défense désespérée de sa mère.

Dix-sept brebis et quatre agneaux furent ensuite étranglés, à la ferme de Bouzillon. Le 5 mai, huit moutons étaient tués au Jussarupt ; le 6, trois à Prey, puis vingt et un à Rambervillers, six au Jussarupt, encore neuf, le 9 mai, aux Bas-Rupt. Une nouvelle attaque eut lieu le 22 mai à La Bresse, où six moutons périrent, et trois autres enfin, le 2 juin, près de Mittlach, dans le Haut-Rhin cette fois.

Les attaques cessèrent brusquement à ce moment.

On perdit alors la trace de la mystérieuse Bête des Vosges, et personne ne put dire ce qu'elle était devenue.

Entre temps, huit battues avaient été organisées, sans le moindre succès.

L'animal avait réussi à déjouer tous les pièges, et il disparut tout aussi soudainement qu'il était apparu.

L'ironie du sort voulut que la seule personne qui ait eu une occasion de tuer la Bête fut non pas un chasseur, mais un camionneur. L'animal en fuite s'était jeté dans les roues de son véhicule. L'homme freina instinctivement, et évita ainsi la collision.

Plusieurs fois, au cours des battues, le prédateur fut tiré sans succès. Il essuya une vingtaine de coups de feu le 9 avril, à Domèvre-sur-Durbion, dont aucun ne l'atteignit.

« *Pris dans l'enceinte, amené par les rabatteurs vers la ligne de fusils, il s'arrêtait d'elle à bonne distance et évitait les chasseurs les uns après les autres, immobile et tête levée, il semblait repérer les fusils avec précision, attendant que les rabatteurs arrivent sur lui pour se couler sur le sol, franchir leur formation et, repartant en arrière, échapper à la chasse.* » (Jean-Yves Chauvet, « Quand la Bête des Vosges mangeait tous les moutons », *Revue Lorraine Populaire* n° 20.)

Aux participants de plus en plus nombreux s'ajoutèrent, le 25 avril, quatre chiens spécialisés dans ce genre de poursuite. On les conduisit sur des traces fraîches datant de la nuit. Curieusement, ils refusèrent de les suivre, sans que l'on pût savoir pourquoi. La gendarmerie décida alors d'utiliser les services d'un chien policier de Vesoul, considéré comme un des meilleurs pisteurs de France. L'animal décela une piste et la suivit sans faiblir, quoique avec une certaine lenteur qui permit à « l'égorgeur » de gagner du terrain. Le 29 avril, la Bête, découverte, parvint à s'échapper en sautant un grillage d'un mètre cinquante, qui clôturait un parc à sangliers.

Après s'être cantonnée dans la forêt de Rambervillers-Romont, la Bête partit vers le sud-est, et gagna la circonscription d'un autre lieutenant de louveterie, le docteur Laflotte. Celui-ci décida qu'il n'organiserait pas de battues, mais qu'il tendrait des affûts. Il estimait que ce procédé moins spectaculaire pouvait aussi donner de meilleurs résultats. Il fit cette déclaration un dimanche après-midi. Le soir même, la Bête faisait trois nouvelles victimes. Le lundi matin, la décision du docteur Laflotte, jusqu'alors confidentielle, fut rendue publique. Curieusement, les attaques cessèrent aussitôt. Simple coïncidence ? Certains commençaient à en douter et l'on murmurait que l'on n'avait peut-être pas affaire à un animal sauvage. Quelques affûts furent mis en place quinze nuits de suite. Après avoir rentré les troupeaux, on ne laissait que quelques moutons devant servir d'appât, à proximité d'un poste camouflé ou d'un mirador.

Une fois, la Bête profita d'une interruption dans ces gardes fatigantes pour attaquer les animaux non surveillés. Là encore, on est en droit de douter qu'il se fut agi d'une coïncidence.

Après être passée dans les Hautes-Vosges, où elle était encore plus difficile à traquer, la Bête gagna l'Alsace où elle disparut complètement.

Rares sont ceux à avoir vu la Bête, ce qui rend son identification très difficile. Le lieutenant de louveterie responsable du secteur Rambervillers-Romont la décrivit comme ayant un pelage gris-jaunâtre ou rougeâtre, une taille assez importante, une queue pendante et des oreilles droites. Elle devait peser dans les soixante kilos et pouvait atteindre une vitesse de quatre-vingts kilomètres par heure. Le garde-chef Georgel lui attribua une corpulence proche de celle d'un berger-allemand moyen, mais la jugea certainement plus puissante. Il ajouta : « *Elle était trop belle pour sortir d'un zoo.* »

Plusieurs photographies furent prises, mais les clichés étaient de trop mauvaise qualité pour que l'on puisse en tirer des conclusions.

Par ailleurs, l'analyse de quelques poils pris dans des fils barbelés permit de conclure qu'il s'agissait d'un canidé, sans plus.

On trouva également de nombreuses empreintes, mesurant 80 mm sur 90, mais qui ne furent pas identifiées avec certitude.

On pensa, bien sûr, à un loup, seulement cet animal n'existait plus dans les Vosges depuis la fin de la Première Guerre mondiale. On imagina alors que quelqu'un avait pu vouloir réintégrer le loup dans la montagne vosgienne, mais, dans ce cas, on aurait implanté au moins un couple, alors que les gardes forestiers ont formellement déclaré n'avoir décelé les traces que d'un seul animal.

D'autre part, si la façon de tuer de la Bête était similaire à celle d'un loup, son comportement était très éloigné de celui de ce canidé sauvage. Il faut se souvenir que les loups sont d'un naturel craintif, qu'ils ne chassent pratiquement qu'en bandes, et qu'ils fatiguent leurs proies avant de les attaquer. Ils peuvent, certes, tuer de grands herbivores, mais se limitent, le plus souvent, aux sujets vieux ou malades. Le loup tue pour se nourrir, et ne procède pas à de tels carnages, qui dépassent de loin les besoins nutritifs d'un loup, même de grande taille. Le loup n'est, en aucun cas, le monstre carnassier des légendes qu'on dépeint complaisamment. Son comportement naturel ne justifie en aucun cas le massacre systématique qu'en fait l'homme, qui, lui, est facilement enclin à tuer pour tuer, par plaisir. Comme le remarquait Zénobius, sophiste grec du IIᵉ siècle, « *on accuse le loup, coupable ou non*». Il est tout de même curieux de constater que les archives de Prusse, au XVIIIᵉ siècle, ne mentionnent aucune mort d'homme par des loups, alors qu'en France, à la même époque, on accuse cet animal de nombreuses tueries, comme dans l'affaire du Gévaudan, et les autres. Au XXᵉ siècle, en Amérique du Nord, où des milliers de loups demeurent, deux attaques seulement ont été recensées, et encore les animaux en question étaient-ils atteints de la rage. De 1882 à 1914 environ, plus de dix mille loups furent exterminés en France. Comme dans les affaires précédentes, la culpabilité du loup est à écarter définitivement.

On pensa aussi, hypothèse déjà beaucoup plus vraisemblable, à un chien redevenu sauvage. En effet, les chiens gardant les troupeaux et les abords des fermes n'aboyaient pas aux approches de la Bête, comme ils l'auraient fait à l'arrivée d'un loup. Les partisans de la thèse du chien argumentèrent dans ce sens, avançant que si les limiers n'avaient pas réagi aux traces de la Bête, et si les gardiens de ferme n'avaient pas aboyé, c'est que les chiens ne donnent généralement pas l'alerte en présence de leurs congénères.

L'itinéraire de la Bête est tout aussi curieux. Il se présente en deux périodes distinctes, comme si l'animal avait d'abord eu à chercher sa route avant d'aller dans une direction définitive. Le changement soudain et apparemment définitif de son parcours a amené certains observateurs à conclure à un itinéraire raisonné. Soit l'animal est allé de lui-même vers un but déterminé, soit il fut poussé par une intelligence humaine. Ce qui amena aussi à envisager la possibilité de la présence de l'homme derrière cette histoire. Bien sûr, l'hypothèse selon laquelle les animaux massacrés auraient été victimes de querelles de voisinage a soulevé un tollé général.

On s'est perdu en conjectures sur l'identité de la Bête des Vosges. Il ne s'agissait très vraisemblablement pas d'un loup. Était-ce un chien dressé avec un sifflet à ultrasons? Un chien redevenu sauvage? Le mystère demeure.

6. LE MACHAIRODUS

L'aventurier anglais John Alfred Jordan se trouvait au Kenya en 1909, lorsqu'il vit un animal très étrange, qui était allongé au milieu d'une rivière. Long de plus de quatre mètres, sa tête était aussi grosse que celle d'une lionne adulte. Son dos paraissait écailleux, comme celui d'un tatou, mais tacheté comme le pelage d'une panthère. Son corps se terminait par une sorte de «queue natatoire» avec laquelle il luttait contre le courant. Détail plus insolite encore : ses canines supérieures étaient très longues et recourbées, comme des défenses de morse.

Cet animal énigmatique est connu en Afrique, et semble habiter l'ex-Zaïre, l'Angola, le Centrafrique, le Kenya et la Zambie. On l'appelle parfois *Chipekwé*, mais il porte aussi d'autres noms, comme *Dingonek*, *Dilali* («lion d'eau»), *Mourou-ngou* («panthère d'eau»), entre autres.

Le machairodus : ce grand félin préhistorique a-t-il vraiment disparu ?

Se pourrait-il qu'il s'agisse, malgré certains détails de la description de Jordan, d'un félin ?

Les zoologistes Bernard Heuvelmans et Jean-Jacques Barloy pensent qu'il pourrait s'agir d'un machairodus, félin préhistorique aux dents de sabre, dont certains spécimens auraient pu survivre. Cela est d'autant plus troublant que des restes de ce « tigre à dents de sabre » (c'est-à-dire avec de très longues canines supérieures recourbées) ont été découverts en Afrique.

Le machairodus était un carnivore qui vivait au Pliocène inférieur, il y a environ 4,5 à 5 millions d'années. Ce grand félin de la taille d'un tigre, malgré son surnom de « tigre à dents en sabres », n'était pas étroitement apparenté au tigre, mais appartenait à une lignée particulière du groupe des chats. Il vivait surtout en Europe du Sud et de l'Ouest. Il ne tuait pas ses proies en les mordant, mais en les poignardant de ses longues canines supérieures, en leur tranchant la gorge ou en les éventrant.

D'autres indices plaident en faveur de la possible survivance du machairodus.

Un tel félin serait figuré dans la grotte d'Isturitz, dans les Pyrénées Atlantiques, et il existerait, au musée de l'Ermitage de Leningrad, une bague en or, d'origine scythe, représentant ce félin. Enfin, en Afrique du Sud, une peinture rupestre des Boshimans, dans une caverne de Brackfontein Ridge, paraît, elle aussi, montrer un machairodus.

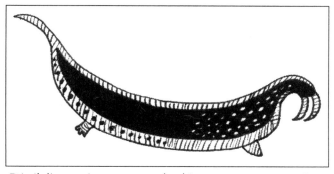

Détail d'une peinture rupestre bochimane montrant un curieux animal à défenses de morse. Est-ce un félin à dents de sabre ?

D'autre part, en 1956, un chasseur qui vécut quarante ans en Afrique, Maurice Halley, eut la surprise de découvrir, près de Port-Gentil, un cadavre d'hippopotame qui portait deux plaies profondes : l'une d'elles, au cœur, paraissait avoir été faite par un coup de dents de sabre.

Bernard Heuvelmans a émis l'hypothèse selon laquelle le machairodus aurait pu devenir amphibie pour des raisons de survie. Cela expliquerait certains détails des témoignages, comme la « queue natatoire » et les écailles signalées par Jordan.

Il semble, en fait, exister deux espèces distinctes. L'une, localisée dans l'ex-Zaïre, en Centrafrique, au Kasaï et en Angola, désignée sous des noms comme « lion d'eau » ou « panthère d'eau », est franchement aquatique. L'autre, appelée « fauve rouge » ou « tigre des montagnes », située dans le Tibesti et l'Ennedi, est montagnarde et vit sans doute dans les cavernes. Toutes deux seraient nocturnes, ce qui expliquerait qu'on les voit rarement.

Signalons que lorsque le naturaliste John Hunter montra, un jour, un livre de zoologie aux Pygmées de la forêt de l'Ituri, dans l'ex-Zaïre, l'un d'eux, lorsqu'il vit le dessin du morse, lui dit que cet animal vivait dans les profondeurs de la forêt.

Un cas presque similaire se rencontre en Australie où, dans les Blue Mountains, rôde un animal de grande taille, que les témoins ont comparé à un lion. Son garrot porte une sorte de crinière hirsute, et sa mâchoire supérieure présente deux longs crocs en forme de sabre. Ces animaux, appelés « warrigals » par les Aborigènes, tueraient, à l'occasion, des veaux et des moutons. Des empreintes ont été découvertes. Elles mesurent quinze centimètres de long sur dix-sept de large. Or, elles ressemblent beaucoup à des empreintes, fossiles celles-ci, du thylacoleo, grand marsupial carnivore qui vécut autrefois en Australie, et que l'on croit disparu depuis environ quinze mille ans. Or, le thylacoleo possédait, lui aussi, des canines en sabre, il était l'homologue marsupial du machairodus. Le thylacoleo a-t-il survécu, ou les « warrigals » sont-ils des animaux inconnus ?

7. LE TERRIBLE MNGWA

Voilà un animal des plus curieux («mngwa» signifie d'ailleurs «étrange»), qui fut la terreur de la côte de Tanzanie. Il s'agirait d'un félin de la taille d'un âne, à la robe grise, qui apparaît par surprise et bondit aussitôt sur sa victime. Ainsi, en 1922, on retrouva le corps d'un policier affreusement mutilé. Dans sa main crispée, se trouvait une touffe de poils gris. Le lendemain, deux villageois affirmèrent avoir vu, durant la nuit, bondir sur le policier un grand félin au pelage moucheté. L'analyse des poils, effectuée par des experts anglais, n'apporta aucune réponse précise, sinon qu'il s'agissait bien d'une fourrure et non de crins (on avait, en effet, cru qu'il s'agissait de poils de la crinière d'un lion), et qu'elle appartenait sans doute à «quelque chat».

Par la suite, d'autres poils furent trouvés : ils étaient mouchetés, mais très différents de ceux d'une panthère.

On découvrit aussi des empreintes, dont le Dr Patrick Bowen dit qu'elles *« semblaient dues à une panthère aussi grosse que le plus gros des lions»*.

Cette histoire est très curieuse. En effet, si l'animal paraît être un félin, son mode d'attaque ne correspond pas à celui des félins. D'autre part, le *Mngwa*, aussi appelé *Nunda*, a la particularité des plus curieuses de ne pas se manifester durant de longues périodes, réapparaissant ensuite subitement pour disparaître de nouveau. C'est pourquoi Jean-Jacques Barloy a émis l'hypothèse qu'il fallait voir une action humaine dans ces tueries attribuées au *Mngwa*. Plus précisément, celle des hommes-léopards. Il s'agit d'une secte sanguinaire supposée avoir été éliminée au XIXe siècle, mais qui a, depuis, continué ses activités (par exemple, en 1965, de nombreuses femmes furent ainsi tuées et mutilées). Ces hommes sont supposés être transformés par magie en léopards. En fait, ils utilisent des costumes en peaux de léopard, des masques, des fausses griffes en métal et des pinces semblables aux mâchoires d'un léopard, qui servent à imiter la morsure du félin. Les vertèbres des victimes sont aussi brisées pour simuler le coup de patte du fauve. Toute cette mise en scène macabre a un but magique, car les rites de cette secte, qui est gouvernée par un sorcier, utilisent du sang humain, ainsi que la graisse humaine, considérée comme un fétiche.

Mngwa ou hommes-léopards ? L'affaire n'a pas été résolue.

8. Les grands chats d'Angleterre

Au début de l'année 1983, la petite ville de South Molton, située au pied de l'Exmoor, au sud-ouest de l'Angleterre, était sur le pied de guerre. Un mystérieux prédateur s'attaquait aux moutons et aux agneaux. Au mois de juin, le nombre d'animaux tués atteignit les deux cents. À chaque fois, les victimes avaient été égorgées, puis éventrées et dévorées.

Les fermiers formèrent des patrouilles armées de quarante hommes pour traquer la bête. On fit appel à des tireurs d'élite de l'armée, et un hélicoptère de la police patrouilla en permanence, mais ce fut en vain.

Fait curieux, le prédateur ne commettait de déprédations que tous les trois jours. Il lui arriva de dévorer une brebis adulte en une seule nuit. Il s'agissait donc d'un carnivore de grande taille.

Les descriptions concernant le mystérieux animal varièrent beaucoup, allant du puma couleur ardoise à l'énorme chat noir de la taille d'un dobermann, doté d'une queue aussi longue que son corps. La Bête de l'Exmoor, comme on ne tarda pas à l'appeler, pouvait courir à près de 50 kilomètres à l'heure, sauter des haies ou encore cinq barrières alignées.

Plusieurs photos ont été prises, ainsi que des films vidéo.

Di Francis, qui écrivit un livre sur le sujet (*Cat Country*), examina quelques clichés pris par un certain Steve Joyce. Ils montraient un « chat » de très grande taille, au pelage rayé transversalement, au front et au museau blancs, et à l'extrémité des pattes grise. Elle nota aussi que les doigts paraissaient anormalement déliés. Le hasard voulut qu'au moment même où elle regardait les photos, un cri retentît. « *Et comme si ce n'était pas suffisant, de la montagne sombre s'éleva soudain une sorte de gémissement déchirant qui emplit la pièce. De la forêt, au-delà de la vallée, le chat annonçait sa présence. Curieusement, il ne cria plus durant les deux semaines suivantes, mais cela ne faisait rien, car j'avais au moins entendu le cri dont on m'avait tant parlé, le cri de cent chats en colère.* »

Peu de temps après, Di Francis eut l'occasion de voir un de ces « chats » en action, et put prendre quelques clichés. Par la fenêtre ouverte, elle vit des moutons dans la montagne se rassembler subitement. Tout de suite, un animal apparut, courant le long d'un sentier. C'était un grand félin au pelage rayé. Derrière lui apparut un second « chat », plus grand et au pelage noir. Le dobermann de la maison se mit alors à aboyer furieusement, et fila vers la clôture. Di Francis put alors constater que le plus grand des félins était de la même taille que le chien. Les deux félins déguerpirent aussitôt en bondissant et disparurent bientôt au-delà de la crête.

Le «grand chat britannique» n'était d'ailleurs pas un inconnu. Déjà, en 1962, un «puma» était signalé dans le Surrey, félin qui évoquait en fait à la fois le guépard avec sa fourrure brunâtre rayée de noir, et le lynx. Malgré les imposantes battues organisées, il resta introuvable.

En février 1965, un animal à l'aspect de panthère était signalé dans le Hampshire.

À la fin des années 1970, c'était au tour du Devon.

Déjà en 1930, un archéologue avait observé un animal étrange à l'aspect de puma. Un peu avant, en 1927, en Écosse cette fois, un cultivateur avait tué un animal étrange près d'Inverness.

L'affaire n'est donc pas vraiment nouvelle.

De nombreuses hypothèses, certaines carrément farfelues, ont été avancées, mais aucune ne parvint à apporter de certitudes quant à l'identité de ces «grands chats britanniques».

S'agit-il d'une espèce de félin inconnue, ou de spécimens préhistoriques survivants, comme cela semble être le cas en Australie et en Afrique? On a tout de même du mal à l'imaginer, concernant un pays comme l'Angleterre.

Il a bien existé un tel félin, au Pléistocène, *Panthera spelaea*, plus grand qu'un lion, mais il aurait disparu voilà dix mille ans environ.

On a aussi envisagé qu'il ait pu s'agir de félins exotiques échappés ou relâchés par des particuliers (dans les années 1960, la mode était aux animaux exotiques et il n'était pas rare de voir des gens avoir des panthères ou des pumas comme animaux «de compagnie»). Mais cela se serait sans doute su, car, à la campagne, les détenteurs de tels animaux étaient connus. D'autre part, il n'est pas certain que de tels animaux auraient pu survivre et se reproduire.

On a également envisagé que l'on ait volontairement lâché de grands félins dans la nature, dans un but d'étude psychologique de l'impact, tant sur le grand public que sur la presse, de l'apparition de tels animaux. C'est bien sûr possible, mais toutefois discutable, d'autant plus qu'on ne sait pas qui serait ce «on».

Quoi qu'il en soit, il est certain que l'on a affaire à des prédateurs de grande taille: la Bête de l'Exmoor, au point culminant de ses attaques, engloutit d'un coup seize kilos de viande, ce qui représente une quantité suffisante pour nourrir soixante-dix personnes!

Mais s'agissait-il bien de félins en réalité? Les témoins eux-mêmes ne sont pas toujours sûrs d'avoir aperçu des chats... ou des chiens. Les traces découvertes révélèrent des empreintes de griffes. Or, mis à part le guépard, tous les félins marchent avec les griffes rétractées (du moins pour les pattes antérieures). Cela pourrait signifier que l'on aurait plutôt affaire à des canidés. Toutefois, la découverte, en 1983, dans la région de Moray, en Écosse, de plusieurs chats noirs de la taille d'un chien, aux griffes non rétractées, ne simplifia pas l'affaire; pas plus que celle d'un crâne de chat de la taille de celui d'un lion, à Dartmoor, en 1988.

Aujourd'hui, le mystère n'est toujours pas résolu, et les observations de ces énigmatiques félins continuent.

Ainsi, dans la nuit du 23 janvier 1996, un de ces félins, dénommés à présent «ABC» (*Alien Big Cats*, «grands chats étrangers»), s'en prit, curieusement, à une range rover, à Brookmans Park, dans le Hertfordshire. Le caoutchouc du pare-chocs fut retrouvé «mâchouillé» par une puissante mâchoire, tandis que de profondes éraflures marquaient le métal à l'avant du véhicule. Selon l'expert Anne Suter, il s'agissait bien de l'œuvre d'un grand félin.

Le 19 mai suivant, dans la région de Salisbury, deux enfants de 12 ans, qui jouaient dans un champ avec un faux téléphone (deux pots de yaourt reliés par une ficelle), non loin de la maison familiale, sentirent soudain une forte odeur. Se retournant, ils découvrirent, à environ quatre mètres d'eux, un énorme «chat» au pelage gris foncé, et à la queue très fournie. Le félin bondit et saisit la ficelle du «téléphone», qui était à demi enroulée autour du bras d'un des enfants. Son frère se porta aussitôt à son secours, et frappa le félin sur le flanc. Le «chat» lâcha alors la ficelle et enfonça ses crocs dans la fermeture éclair de son blouson. L'enfant eut la présence d'esprit de frapper du plat de la main le nez de l'animal, lequel lâcha aussitôt prise. Les enfants coururent alors vers la maison, où ils parvinrent à se réfugier. À son retour, le père des enfants écouta leur histoire, et chercha avec eux dans un livre sur les animaux sauvages. Ils reconnurent l'animal sur une photo de puma. Le père découvrit des empreintes de dix centimètres, et y coula du plâtre, afin de les montrer au zoo de Bristol, mais elles n'étaient pas suffisamment nettes pour être identifiées. Les enfants décrivirent le son produit par les grondements du félin à un gardien du zoo, lequel avança qu'il pouvait s'agir d'un puma ou d'un caracal, un parent du lynx.

Le 15 août 1996, les restes décomposés d'un félin de près de 90 cm de long, queue comprise, furent découverts à proximité de la rivière Dearne, sur Cat Hill, près de Barnsley, dans le Yorkshire. Un mois plus tard, le

Dr Andrew Kitchener, du Musée Royal d'Edimbourg, annonça qu'il s'agissait… d'un chat domestique!

Les observations, loin de diminuer, paraissent plutôt augmenter, presque sans discontinuer, partout en Angleterre, mais aussi en Écosse, au Pays de Galles et en Irlande… de même que dans certaines îles, comme Guernesey ou l'île de Wight. Les descriptions ne varient que peu, et la plupart des témoins évoque des «chats» grands comme un labrador, de 45 à 80 cm de haut, au pelage sombre (noir ou brun foncé, le plus souvent), longs de 60 cm à 1,20 m, avec une longue queue (parfois très fournie).

Le 29 août 1997, quatre hommes observèrent deux «ABC» d'environ 1,80 m de long, l'un gris et l'autre noir.

Déjà, le 2 janvier, un félin noir de 2 m avait été observé à Great Gransley, dans le Northamptonshire. Le 19 novembre 1998, c'est un félin de 1,50 m de long qui fut observé, près de Dartmoor. Deux heures plus tard, une autre observation avait lieu, cinq kilomètres plus loin. Vingt policiers, ainsi que des maîtres-chiens, furent dépêchés sur place, mais ils ne purent pas capturer l'animal, qu'ils ne virent même pas. Par contre, on trouva des traces de 15 cm, qu'un gardien du *Dartmoor Wildlife Park* identifia comme celles d'un lion. Notons que l'enquête démontra qu'aucun lion n'était manquant dans les zoos des environs. Mais cette identification reste incertaine, les empreintes des félidés se ressemblant beaucoup (elles ressemblent d'ailleurs aussi beaucoup à celles des chiens et des loups), et tout ce que l'on peut sans doute en dire, c'est qu'il s'agissait d'empreintes d'un félin de la taille d'un lion, mais pas nécessairement d'un lion.

Aujourd'hui, le mystère demeure donc toujours, et il ne se passe quasiment pas une semaine sans que l'on signale, ici ou là, un «ABC»; à tel point que la revue *Fortean Times* publie régulièrement des articles mettant à jour les observations.

Il est intéressant de noter que, curieusement, le grand félin britannique semble n'être apparu vraiment qu'à une époque relativement récente. Autrefois, on évoquait plutôt des grands chiens noirs, dont l'identité reste tout aussi énigmatique. Ils abondent dans le folklore, et le romancier Conan Doyle s'inspira de cette «légende» pour écrire son *Chien des Baskerville*, une des enquêtes les plus célèbres de Sherlock Holmes.

Ces chiens noirs (*Black Dogs*) sont très répandus et portent divers noms selon les régions: *Shuck* ou *Black Shuck* dans le Norfolk, *Mauthe Doog* ou *Moddey Dhoo* dans l'île de Man, *Padfoot* dans le Staffordshire, *Cappel* dans le Westmoreland, *Shag Dog* dans le Leicestershire, *Hooter* dans le Warwickshire, ou encore *Gally-Trot*, *Guytrash* ou *Skriker* dans l'île de Jersey.

Ces chiens mystérieux ont des allures plutôt impressionnantes, ils sont aussi grands qu'un veau, leur pelage est noir et ils ont des yeux rouges, qui, dit-on, flamboient comme des charbons ardents (le Chien de Bouley, qui hanterait les falaises du nord-est de l'île de Jersey, serait, quant à lui, aussi grand qu'un boeuf, et traînerait une chaîne attachée à son collier).

De nombreuses légendes de chiens noirs courent des Cornouailles à l'Écosse. La tradition leur confère d'étranges capacités : ils provoquent des brûlures et des électrocutions en traversant des masses solides, avant d'exploser en une gerbe de feu. Ils sont surtout signalés près des sites préhistoriques et des lieux sacrés, ce qui fait dire à certains qu'ils sont des esprits gardiens de ces lieux saints.

Pourtant, au-delà du mythe, il y a un certain nombre de rencontres avec de tels animaux mystérieux, et ces diverses observations laissent penser que ces animaux sont bien réels et non légendaires.

Ainsi, à l'automne 1938, Ernest Whiteland marchait entre Bungay et Ditchingham, à la limite du Norfolk et du Suffolk, lorsqu'il vit un grand chien noir sur le côté de la route. L'animal, doté d'une épaisse fourrure, mesurait environ soixante-dix centimètres de hauteur. Whiteland, quelque peu inquiété par l'allure du chien, se déplaça sur le côté de la route pour le laisser passer. Mais, lorsque l'animal arriva à sa hauteur, il disparut brusquement. L'homme ne comprit pas comment il avait pu filer aussi vite, mais il eut beau regarder en tous sens, l'animal n'était plus là.

Les autres observations de « black dogs » sont assez similaires. Un de ces chiens mystérieux aurait laissé des traces de son passage. Elles dateraient de 1577. Le 4 août de cette année-là, la foule des paroissiens était rassemblée dans l'église de Bungay, dans le Suffolk, quand éclata un terrible orage. Tout à coup, apparut un grand chien noir qui attaqua les fidèles, tua deux personnes, et en blessa une troisième. Il disparut ensuite aussi subitement qu'il était apparu. Peu de temps après, il pénétrait dans l'église de Blythburgh, à une quinzaine de kilomètres de là, où il tua encore deux personnes et en blessa plusieurs autres. En partant, il gratta contre la porte, laissant des traces, comme des marques de brûlures, que l'on peut encore voir aujourd'hui.

Si l'on excepte le caractère surnaturel attribué aux « black dogs », il n'est pas impossible que l'on ait affaire à des animaux bien réels, dont l'identité reste mystérieuse.

Di Francis a remarqué que les «ABC» sont souvent signalés dans les régions où courent des légendes de «black dogs». Elle a alors envisagé que ces «black dogs» soient en réalité des félins et non des chiens. Cela n'est pas aussi impossible qu'il y paraît de prime abord. Nous avons vu que les témoins n'étaient pas toujours sûrs d'avoir vu des chats ou des chiens. Cette confusion, pour curieuse qu'elle paraisse, est d'ailleurs clairement démontrée dans une affaire qui eut lieu en 1810, celle du «Girt Dog» d'Ennerdale. Ce chien sema la terreur en décimant les troupeaux de moutons, dont il buvait le sang. L'animal fut tué le 12 septembre, et sa dépouille naturalisée fut exposée au musée de Keswick. Le musée ferma ses portes en 1876, et la dépouille fut perdue, mais ce qui est très curieux, c'est que les descriptions évoquent bien davantage un félin qu'un chien : l'animal avait des allures de lion, et un pelage jaune-brun avec des rayures sombres.

On le voit, cette affaire des «ABC» est décidément très curieuse et l'identité de ces animaux reste particulièrement mystérieuse.

L'énigme des grands chats n'est d'ailleurs pas spécifiquement britannique, puisque des observations semblables ont été signalées en Irlande, au Danemark, en Allemagne, en Italie, en France, aux États-Unis et au Canada.

Chapitre III

LE MAMMOUTH A-T-IL SURVÉCU ?

Les mammouths, sortes d'éléphants préhistoriques velus qui vivaient au Pléistocène, pouvaient atteindre plus de quatre mètres de haut, et cinq mètres de long. Ils ont disparu, croit-on, il y a environ dix ou douze mille ans.

Pourtant, il se pourrait bien qu'il en existe encore, si l'on en croit les nombreux indices à ce sujet.

Dans son livre *L'Appel de la forêt*, Jack London rapporte une histoire que lui aurait racontée un chasseur. L'homme portait de curieuses bottes faites d'un cuir épais revêtu de longs poils, et affirma à London qu'il s'agissait de peau de mammouth. Le chasseur aurait rencontré par hasard un mammouth vivant, dans le nord-ouest du Canada, et l'aurait pourchassé, le faisant mourir d'épuisement. Histoire certes peu crédible, mais à laquelle London paraissait croire, puisqu'à la fin de sa nouvelle, il invitait les sceptiques à aller à la *Smithsonian Institution* pour y contacter le professeur Davidson, lequel aurait confirmé que les bottes en question étaient bien faites de peau de mammouth. Il est vrai qu'à cette époque (1903), les histoires de mammouths vivant en Alaska n'étaient pas rares.

Lors d'une mission en Sibérie en 1920, le diplomate français Gallon fit la connaissance d'un chasseur russe qui avait passé quatre ans à traquer le loup et l'ours dans la taïga. Il lui raconta qu'un jour, deux ans plus tôt, il avait découvert une étrange empreinte de grande taille, enfoncée profondément dans la neige. Ovale, elle mesurait environ soixante centimètres dans sa partie la plus large, et quarante-cinq centimètres de long. Il y avait les empreintes de quatre pieds, les deux premières à environ quatre mètres des deux suivantes, ces dernières étant de plus grande taille.

Suivant les traces, qui se dirigeaient vers une forêt d'ormes, il trouva de la bouse, constituée de matières végétales, en grande quantité. Il remarqua qu'à trois mètres de hauteur, à l'endroit où l'animal était entré dans la forêt, il y avait une rangée de branches brisées.

Le chasseur, intrigué, continua de suivre les traces. Quelques jours plus tard, il en trouva d'autres. Il semblait que le premier animal avait été rejoint par un second.

Gravure préhistorique sur ivoire représentant un mammouth.

Tout à coup, il vit un de ces animaux qui se tenait près d'un jeune arbre. C'était un énorme éléphant, pourvu de grandes défenses, très recourbées. Il était de couleur sombre et avait de longs poils à l'arrière-train, paraissant moins poilu à l'avant. Terrifié, le chasseur partit sans faire de bruit, prenant bien soin de rester contre le vent pour que les animaux ne le sentent pas. Puis, il regagna ses quartiers d'hiver, ne cessant de penser à ce qu'il avait vu.

Gallon précisa que l'homme ignorait visiblement que de tels animaux avaient pu exister dans des temps reculés. Le terme même de « mammouth » lui était totalement inconnu. Il faut également remarquer que le chasseur avoua sa peur, ce qui plaiderait plutôt en faveur de l'authenticité de son récit.

On raconte aussi, mais sans certitude, que l'amiral Byrd, un explorateur américain, aurait vu un mammouth depuis son avion (il aurait de même signalé des monstres marins dans l'Antarctique, en 1947).

En 1581 déjà, Yermak Timofeyevich, capitaine d'une bande de cosaques envoyée par la famille des Stroganoff pour soumettre les brigrands qui menaçaient ses mines de sel, racontait avoir vu, en Sibérie, au-delà de l'Oural, un grand éléphant poilu. L'espèce était connue et recherchée par les autochtones pour sa chair. Ils l'appelaient la « montagne de viande ».

Les peuples de Sibérie considèrent le mammouth comme un dieu du dessous des eaux ou de la terre. Le mot « mammouth » lui-même vient du tartare *mamont*, qui signifie « terre », parce que les Tartares, trouvant souvent des carcasses gelées et à demi ensevelies sous la terre, croyaient que ces énormes bêtes-dieux vivaient encore dans des tanières souterraines.

Par la suite, de nombreux rapports ont fait état de mammouths vivant au cœur de la taïga sibérienne : barrissements sonores, empreintes imposantes, excréments énormes, branches cassées à la bonne hauteur, ou même observations directes d'éléphants velus à la démarche lente.

Comme nous l'avons vu, de semblables observations auraient aussi été faites en Alaska et dans le Yukon.

Dessin préhistorique de la grotte des Combarelles (Dordogne).

La survivance des mammouths est d'autant plus possible que l'on ignore les raisons exactes de leur extinction supposée. En effet, leur nourriture de base (que l'on a pu définir grâce aux analyses effectuées sur l'estomac du mammouth très bien conservé qui fut découvert sur les bords de la rivière Berezkova en 1901) existe toujours en Sibérie, où elle est typique de la taïga. D'autre part, dans le cadavre du mammouth gelé, on trouva notamment des boutons d'or. Au moment de sa mort, ce mammouth était donc en train de manger ces fleurs qui ne poussent que sous des climats tempérés. Qu'avait-il bien pu se passer pour tuer et geler cet animal si soudainement ? Cette découverte remettait fortement en cause la théorie selon laquelle ces grands mammifères avaient succombé à un changement climatique progressif auquel ils ne seraient pas parvenus à s'adapter.

On a estimé que pour obtenir une glaciation si rapide, il aurait fallu que la température descendît à plus de cent degrés au-dessous de zéro, ce qui ne s'est jamais vu, même dans l'Antarctique.

Une autre hypothèse envisage qu'un tremblement de terre aurait ébranlé le monde il y a environ 10 000 ans. Ce cataclysme se serait produit à la jonction de deux plaques tectoniques, ce qui aurait engendré une formidable explosion de lave et de gaz volcaniques dans l'atmosphère, produisant ainsi un effet similaire à celui de « l'hiver nucléaire ». Les gaz s'étant d'abord dirigés vers les pôles, seraient ensuite retombés sur terre, déjà très refroidis, et perdant encore plus de chaleur durant leur rapide descente. Traversant la couche superficielle d'air chaud, ils auraient ainsi congelé sur place le mammouth de la Bereskova et ses semblables qui se nourrissaient de petites fleurs des champs.

Cette séduisante hypothèse pose pourtant une question : pourquoi n'a-t-on pas retrouvé d'autres mammouths dans le même état aux alentours ?

On peut penser que l'être humain, par ses chasses incessantes et meurtrières, a sans doute été responsable pour une bonne part de leur disparition.

Pourtant, qui sait si un petit nombre n'a pas survécu jusqu'à nos jours dans les vastes forêts inexplorées de la Sibérie et du nord de l'Amérique ?

Cela est d'autant plus possible que nous ignorons quand les mammouths sont supposés avoir disparu. Nous avons dit que leur extinction remonterait à dix ou douze mille ans. Cependant, l'analyse au radiocarbone d'ossements trouvés récemment en Angleterre indique que des mammouths vivaient encore sur l'île il y a 7 800 ans (voir *World Explorer* n° 8, 1996). En outre, *Nature* du 25 mars 1993 et le *Boston Globe* du 29 mars 1993 rapportaient les découvertes effectuées sur l'île de Wrangel (Sibérie arctique), par le paléontologue Andrei Sher, de l'Institut Severtsov de Moscou, selon lesquelles des mammouths nains vivaient encore sur l'île il y a 2 000 à 5 000 ans. Ces mammouths ont sans doute vu leur taille réduire à cause de l'isolement insulaire. Cela pourrait accréditer les témoignages évoquant la survivance actuelle du mammouth, notamment en Sibérie et dans le nord de la Colombie britannique.

On a aussi parlé d'un « éléphant » représenté sur une fresque égyptienne antique, et qui pourrait éventuellement appartenir au genre *mammuthus* (voir *Nature* du 2 juin 1994). C'est l'archéologue et biologiste israélien Baruch Rosen qui a découvert cette fresque datant du XVe siècle avant notre ère, où se voit l'image d'un prêtre tenant en laisse ce qui semble être un petit mammouth. Baruch Rosen écrit : « *Aux côtés d'un petit mammouth figure un ours, qui était commun en Asie et au sud de l'Europe. Il est tout à fait possible que les Égyptiens se soient aventurés, pour des raisons com-*

merciales, jusqu'à ces lointaines contrées, et qu'ils en aient ramené un mammouth, qui devait passer à leurs yeux pour le comble de l'exotisme. »

Signalons aussi qu'un proche parent du mammouth, le mastodonte, semble avoir survécu jusqu'à une période assez récente dans les Amériques. Plusieurs éléments rendent cette hypothèse plausible. Il y a d'abord une gravure sur os, qui fut découverte dans une grotte proche de Pinnevile (Missouri), qui paraît bien représenter un mastodonte. Or, elle a été faite sur un os assez récent. En Équateur, on a trouvé un squelette de mastodonte dans un foyer, parmi des tessons de poterie. Il faut par ailleurs mentionner que l'art maya semble montrer des mastodontes. Il semble même que ces grands pachydermes auraient été domestiqués par les Mayas : une stèle exhumée au Honduras paraît en effet représenter des mastodontes montés par des cornacs.

CHAPITRE IV

LES REPTILES VOLANTS

Bien avant les oiseaux (qui se développèrent surtout durant le Crétacé, bien qu'ils apparussent plus tôt, au cours du Jurassique), les maîtres du ciel étaient les ptérosaures, c'est-à-dire les reptiles volants.

On a découvert environ cent types différents de ptérosauriens (alors que l'on connaît plus de trois cents espèces de dinosaures), qui se classent en deux groupes distincts : le Rhamphorhynchoïde, « espèce à bec étroit »[1], et le Ptérodactyloïde, « espèce aux doigts ailés »[2]. Ils ne possédaient pas de plumes et leurs ailes étaient constituées d'une peau membraneuse comme celles de nos chauves-souris (mais n'ont aucune parenté avec elles, les chauves-souris étant, rappelons-le, des mammifères).

Cette riche faune aérienne était composée de spécimens de tailles variables. Ainsi, le Dimorphodon, un rhamphorhynchoïde, avait la grosseur d'un corbeau, alors que le Quetzalcoaltus[3] avait une envergure d'environ quinze mètres. La taille des ptérodactyles était variable, les plus petits avaient la taille d'un pigeon, alors que les plus grands pouvaient atteindre dix ou onze mètres d'envergure, pour un poids avoisinant les 80 kg.

Ces animaux disparurent, croit-on, en même temps que les dinosaures, c'est-à-dire il y a environ soixante-six millions d'années, à la fin du Crétacé.

Pourtant, comme nous l'avons déjà vu avec certains dinosaures[4], il y a des observations qui laissent entrevoir la possibilité que des ptérosauriens survivraient à notre époque.

Ainsi, dans son livre *In Witch-Bound Africa*, Frank Mellard affirme avoir souvent entendu parler d'une créature appelée « Kongamato », qui vivrait dans les marais de Jiundu, au nord-ouest de la Zambie. Il s'agirait d'une sorte de « lézard » volant, avec une peau douce, un bec plein de dents, et des

---

1. Ce groupe ancien (Jurassique) se caractérise par des dents saillantes et nombreuses, une tête allongée, une longue queue et un bec étroit.

2. Ce groupe plus récent (Crétacé) se caractérise par une queue plus courte, peu ou pas de dents, et souvent une grande crête sur le sommet du crâne.

3. Du nom du dieu aztèque Quetzalcoalt (« Le Serpent à plumes »).

4. Voir, chez le même éditeur, notre *B.A.-BA des monstres aquatiques*.

ailes en peau d'une envergure d'un à plus de deux mètres. Lorsque Mellard montra aux Kaonde des livres illustrés sur les animaux, ils identifièrent le Kongamato à un ptérodactyle.

Dans son livre *Searching for Hidden Animals*, Roy Mackal rapporte que le Dr Courtenay-Latimer (dont nous avons parlé à propos de la découverte du cœlacanthe, dans le *B.A. BA des monstres aquatiques*) enquêta à propos de l'observation d'un «lézard volant» dans la région de Keetmanshoop, en Afrique du Sud. Un garçon de seize ans, qui gardait ses moutons sur leur lieu de pâturage dans la montagne, fut retrouvé inconscient. Lorsqu'il revint à lui, il était si choqué qu'il ne put parler durant trois jours. Enfin, il raconta que, étant assis sous un arbre, occupé à sculpter des animaux dans du bois tendre, il entendit soudain un son grondant, comme un puissant courant d'air. Levant la tête, il vit un grand animal qui se jetait d'une crête et volait vers lui. Alors que la créature approchait, les moutons se mirent à bêler désespérément et à fuir dans le plus grand désordre. La créature, que le garçon décrivit comme une sorte d'énorme «serpent», se posa en soulevant un nuage de poussière, et dégageant une odeur curieuse ressemblant à celle du «laiton brûlé». À ce moment, le garçon perdit connaissance. La police se rendit sur les lieux, ainsi que plusieurs fermiers. Certains d'entre eux affirmèrent avoir vu le monstre disparaître dans une fissure qui devait sans doute donner sur une grotte. Les hommes jetèrent des bâtons de dynamite dans l'ouverture, et entendirent, juste après les explosions, une sorte de gémissement, puis ce fut le silence. Le Dr Courtenay-Latimer arriva sur place peu de temps après les événements, enquêta, prit des photos des traces, et conclut qu'il devait s'agir d'un python. On ne voit pourtant pas comment. Certes, le garçon décrivit l'animal comme un «serpent», mais son récit laisse clairement entendre qu'il s'agissait d'une créature ailée. Comment un serpent aurait-il pu se jeter de la montagne et se poser en soulevant un nuage de poussière? Ne se serait-il pas plutôt agi d'un animal évoquant plus généralement un reptile et non un serpent, et plus précisément un ptérosaurien, d'autant plus qu'ils sont souvent décrits comme des «lézard volants»? La question reste en suspens.

Toujours en Afrique du Sud, une montagne, le Drakensberg, est aussi réputée avoir été le repaire de «dragons» volants, d'où son nom qui, en afrikaans, signifie «montagne des dragons» (c'est dans cette même région que se trouvent les chutes d'Howick, supposées habitées par un monstre lacustre). En 1877, un fermier hollandais en aurait vu un en plein ciel.

De même, en Tanzanie, des «dragons» avaient la réputation d'habiter une forêt sauvage au pied du mont Meru.

Dans son livre *A Game Warden on Safari*, publié en 1928, A. Blayney Percival rapporte que les Kitui Wakamba affirment qu'un monstre volant, ressemblant à un ptérosaurien, vit sur le mont Kenya.

On a aussi découvert, en Amérique cette fois, dans les ruines de Tajin, au nord-est de l'État de Vera Cruz (Mexique), un bas-relief maya représentant une créature ailée évoquant assez nettement un ptérosaurien, et plus précisément un ptéranodon.

Il y a aussi des témoignages dont l'authenticité est nettement plus douteuse. Ainsi, très peu crédible est l'histoire racontée par des ouvriers qui, en 1856, travaillaient au percement d'un tunnel de chemin de fer entre Saint-Dizier et Nancy. Alors qu'ils venaient d'éventrer un gros bloc calcaire, ils virent, dans la pénombre, une forme monstrueuse sortir de la roche qu'ils venaient de briser, et qui s'avança en trébuchant dans leur direction. La créature battit des ailes, poussa un long cri, et mourut à leurs pieds. L'animal, d'une envergure de 3,17 m, avait les quatre membres attachés par une membrane, comme les chauves-souris. Il possédait un long cou et un bec pourvu de dents aiguës. Sa peau était noire et nue, lisse, ressemblant à un cuir épais et huileux ; et de longues griffes terminaient ses membres. La monstrueuse dépouille aurait été emmenée à Gray, en Haute-Saône, où un paléontologue l'aurait identifiée à un ptérodactyle. La strate rocheuse d'où il provenait correspondait à la période où vivaient les ptérodactyles, et le bloc calcaire où il était emprisonné montrait une cavité dont la forme était le moule exact du monstre préhistorique.

Ce serait trop beau pour être vrai ! On voit mal, de toute façon, comment cet animal aurait pu survivre durant des millions d'années enfermé dans un bloc calcaire, bien que l'on ait rapporté de nombreuses histoires semblables avec des grenouilles et des crapauds. Il est très probable qu'il se soit agi d'un canular, même si cela n'exclut pas la découverte d'un fossile qui aurait été transformé par l'imagination et la presse[5].

En revanche, l'observation qui suit est plus difficile à cerner, car elle ne semble pas laisser place au sensationalisme, ce qui pourrait être une preuve de sérieux.

En 1986, trois chasseurs crétois, Nicolaos Safakianakis, Nikolaos Chalkiadakis et Manolis Calaitzis, longeaient, au petit matin, les bords d'un ruisseau dans les monts de l'Astérousie, lorsqu'ils entendirent comme un battement d'ailes. Ils n'y prêtèrent tout d'abord pas attention ; mais, tout

---

5. L'affaire fut reprise à grand bruit par *La presse grayloise* du 12 janvier 1856, et l'*Illustrated London News* du 9 février suivant.

à coup, ils virent surgir dans le ciel un énorme animal grisâtre, avec des ailes membraneuses, pourvu de quatre pattes, les deux de devant terminées par des sortes de doigts, celles de derrière par des griffes acérées, et un bec ressemblant à celui d'un pélican. L'étrange animal passa au-dessus d'eux et s'éloigna vers la montagne. De quoi pouvait-il s'agir ? De retour chez eux, les trois hommes s'empressèrent de regarder dans un ouvrage de zoologie. Selon eux, le seul animal ressemblant à ce qu'ils avaient vu était un ptérosaurien de type ptéranodon.

Il y a aussi diverses observations sur le territoire des USA. En 1961, un homme d'affaires pilotait son avion lorsqu'il vit, alors qu'il survolait la rivière Hudson, « *un oiseau de grande taille, plus grand qu'un aigle. Il remuait à peine les ailes et ressemblait à un ptérodactyle* ». L'année précédente, deux témoins affirmaient avoir vu un ptérodactyle dans une forêt de Californie. Il avait une envergure d'environ 4 à 5 m, et volait à la cime des arbres. Il traversa la route devant leur véhicule, et disparut dans un ravin. D'autres personnes encore prétendirent avoir observé un ptérodactyle dans la même région.

Plusieurs observations eurent lieu au Texas, mettant en scène un autre « ptérosaurien ».

Ainsi, le 1er janvier 1976, deux enfants, Jackie Davis et Tracey Lawson, aperçurent un « oiseau » d'environ 1,50 m de hauteur, de couleur noire, avec de grands yeux rouges, de larges « épaules », une tête de chauve-souris, une face de « gorille », et un long bec pointu. Le lendemain, les parents découvrirent cinq empreintes enfoncées de 4 cm dans le sol (on estima ainsi qu'il devait peser dans les 80 kg), de 20 cm de large, et à trois doigts.

Le 14 janvier 1976, vers 22 heures, Armando Grimaldo était assis dans le jardin, à l'arrière de la maison de sa belle-mère, dans la banlieue nord de Raymondville. « *Comme je me retournais pour regarder de l'autre côté de la maison, je sentis soudain que quelque chose m'agrippait. Quelque chose avec de puissantes griffes. Je me suis retourné, et je l'ai vue. J'ai commencé à courir. Je n'avais jamais eu peur de quoi que ce fût, mais là, j'étais vraiment terrifié. C'était la chose la plus effrayante que j'aie jamais vue.* »

La « chose » en question était aussi grande que l'homme, environ 1,80 m, avec des ailes d'une envergure avoisinant les 4 m. L'animal avait une peau brune, semblable à du cuir, sans plumes. De gros yeux rouges brillaient dans sa face terrible. Armando Grimaldo réussit à s'enfuir et à trouver refuge sous un arbre. Il en fut quitte pour quelques lacérations dans ses vêtements, mais sans blessure.

Trois jours plus tard, le 7 janvier, quelque chose vint heurter la caravane d'Alverico Guajardo, près de Brownsville, sur le Rio Grande. L'homme sortit voir ce qui se passait. Il grimpa dans sa camionnette, et alluma les phares. Il vit alors ce qu'il devait ensuite qualifier de « *chose d'une autre planète* ». Dès que la lumière toucha la créature, celle-ci se redressa et fixa le témoin de ses yeux rouges flamboyants. L'homme, paralysé par la terreur, ne put faire aucun mouvement. La créature avait replié ses longues ailes de chauve-souris, elle émettait « *un bruit insupportable* » de sa gorge. Elle avait un bec de 80 cm à 1 m de long. Finalement, au bout de quelques minutes, elle recula lentement jusqu'à une route de terre qui se trouvait à un mètre environ derrière elle, et disparut dans l'obscurité.

Le journal *Light* de San Antonio, édition du 26 février 1976, rapportait que, deux jours plus tôt, trois instituteurs qui roulaient en voiture dans les environs de la ville, virent soudain surgir un énorme « oiseau » d'une envergure d'environ 6 m, qui plana au-dessus de la route. Son squelette était visible par transparence à travers la peau. Un mois plus tôt, un fermier avait été attaqué par une créature similaire, mais de plus petite taille (3 à 4 m d'envergure).

À la même époque, deux sœurs de Brownsville avaient aperçu, près d'un étang, un « gros oiseau noir » de taille humaine, ressemblant à la fois à un oiseau et à une chauve-souris. Elles reconnurent plus tard l'animal dans un livre et l'identifièrent à un ptérosaurien de type ptéranodon.

L'année précédente, le 26 décembre, une chèvre avait été retrouvée déchiquetée dans un enclos de ferme à Raymondville. Comme on ne trouva aucune trace autour du corps, on supposa que l'agresseur était un de ces « oiseaux ».

Le 14 septembre 1982, une créature similaire fut encore vue dans la vallée du Rio Grande. Un ambulancier de Harlingen aperçut « *un gros objet semblable à un oiseau* » qui volait au-dessus de la Nationale entre cent et cent cinquante mètres d'altitude. Il était recouvert d'une matière noire ou grisâtre, mais qui n'était pas des plumes. Les experts en cryptozoologie qui enquêtèrent ne surent trop que penser de cette histoire. Ils se bornèrent à remarquer que les manifestations de la créature « *s'étaient produites à moins de trois cents kilomètres à l'est de la Sierra Madre orientale* » (vers laquelle les « oiseaux » s'étaient envolés), qui est une des régions les plus sauvages, et donc les moins explorées, des États-Unis.

En fait, dans ces régions, les histoires de créatures volantes évoquant des ptérosauriens ne sont pas nouvelles.

Ainsi, un article du journal *Epitaph* de Tombstone (Arizona), du 26 avril 1890, rapportait : « *Un monstre ailé ressemblant à un énorme alligator pourvu d'ailes immenses a été découvert, dimanche dernier, dans le désert, entre Whetstone et les montagnes Huachuca, par des ranchers.* » Les deux hommes, à cheval, et armés de winchesters, poursuivirent le monstre et parvinrent à l'abattre. L'animal mesurait 92 pieds de long (soit dans les 28 mètres !), la tête à elle seule aurait mesuré près de 2,50 m. Quant aux ailes, elles avaient chacune une longueur de 78 pieds (plus de 23 m), ce qui portait l'envergure à presque 48 m. Les ailes étaient composées d'une membrane où les membres étaient attachés. L'animal avait en outre un long bec garni de dents aiguës.

Une telle histoire est-elle crédible ? Évidemment, non.

On notera d'ailleurs que l'on trouve aucune mention de cette histoire rocambolesque dans les éditions suivantes de l'*Epitaph*.

Mais avait-on affaire pour autant à un canular ? N'est-il pas possible qu'un véritable ptérosaure survivant ait été observé (et abattu ?), mais que l'histoire ait été grandement exagérée ? Certes, en tel cas, on en aurait sûrement reparlé dans les numéros suivants du journal. Toutefois, il faut considérer que le légendaire de l'Ouest, notamment en Arizona et au Texas, contient divers récits concernant de tels animaux, tant du côté des Amérindiens que des colons. Se pourrait-il qu'il y ait une vérité derrière ces légendes ?

Une autre histoire (mais n'est-ce pas en fait la même ?) veut qu'un ptérosaurien ait été photographié en 1886, après avoir été abattu par deux cow-boys. Le chercheur John Keel, spécialisé dans les faits mystérieux (connu notamment pour ses recherches sur une autre créature volante des plus étranges, en Virginie), a révélé qu'il avait reçu des lettres d'une vingtaine de personnes, affirmant avoir vu la photo en question, et Keel lui-même pense avoir vu ce cliché quelque part. Mais personne ne semble capable de se souvenir où ! De plus, cette photo paraît aujourd'hui introuvable. Dans son livre *Amazing Indeed*, Robert Lyman écrit que l'histoire se serait passée en réalité vers 1900, et la dépouille aurait été clouée au mur de l'immeuble du journal *Epitaph* de Tombstone. C'est là que la photo en question aurait été prise. Il ramène également la taille de l'animal à des proportions plus raisonnables, puisqu'il aurait eu une envergure de 36 pieds, soit environ 11 m. Selon Lyman, il n'existerait que deux exemplaires de la photo, un aurait été brûlé accidentellement, et l'autre aurait été volé. Les correspondants de John Keel (voir sa chronique dans le numéro de mars 1991 du magazine *Fate*) se souvenaient d'avoir vu la photo dans une revue parue entre les années quarante et soixante. Par recoupement, Lyman pense que la photo aurait pu paraître dans un numéro des années cinquante du magazine populaire *True West*. Malgré tout, les recherches furent vaines, et la photo reste toujours introuvable. Mais existe-t-elle seulement ? Dans un long article paru dans *World Explorer* n° 4, David Hatcher Childress avance que la photo en question n'était peut-être en fait qu'un simple dessin d'illustration ; le magazine *True West* contenant des histoires fantastiques à base de reptiles volants, dérivés de la « légende » amérindienne des *Thunderbirds* (voir le chapitre suivant). Notons d'ailleurs que d'autres enquêteurs se lancèrent sur la piste de l'hypothétique photographie, pour le compte de certains magazines, notamment *Fate*, *National Geographic* ou encore *The American Weekly*, mais sans rien trouver.

Lors de son enquête, Childress se rendit à Tombstone pour rechercher l'article original de 1890, mais ne le trouva pas (l'employée lui apprit que les anciennes archives n'avaient pas été conservées). Il put néanmoins rencontrer un historien local, qui avait raconté l'histoire du ptérosaure abattu dans un numéro de *True West* du début des années 1960. Il apprit à Childress que lui-même n'avait jamais pu mettre la main sur l'article de 1890. Mais il lui rapporta également une autre histoire (aussi mentionnée par Thomas Penfield dans son livre, paru en 1962, *Dig Here*), à propos d'une mine d'argent près de Nogales, à proximité de la frontière mexicaine, la *Cerro Ruido Mountain*, ou *White Gold Mountain*.

La mine en question est aujourd'hui perdue, et personne ne paraît plus savoir où se trouve l'entrée, mais des légendes persistantes courent à propos de « lézards ailés » qui y vivraient.

Peu de temps après la Première Guerre mondiale, deux vétérans auraient réussi à trouver l'entrée de la mine perdue, enfouie sous des rochers. Comme ils n'avaient pas le matériel adéquat, l'un d'eux partit le chercher à Nogales. Lorsqu'il revint, il trouva son compagnon endormi, les vêtements déchirés, et les bras et le visage portant de nombreuses éraflures. Revenu à lui, il raconta une curieuse histoire. En l'absence de son ami, il avait commencé à essayer de déblayer un peu l'entrée, et réussit à faire un passage suffisamment large pour pouvoir s'y glisser. Au bout d'un moment, il déboucha dans un tunnel où il découvrit de nombreux sacs remplis d'un minerai brillant. Il compta les sacs et estima qu'ils devaient contenir en tout environ 30 tonnes de minerais d'argent brut. Il n'était pas question de les sortir par la petite ouverture qu'il avait ménagée ; aussi, en attendant le retour de son compagnon, il décida de voir s'il n'y avait pas une autre entrée possible, et escalada la montagne à la recherche d'un puits d'aération ou d'une entrée quelconque. C'est ainsi qu'il découvrit une petite vallée verdoyante où gisaient les ruines de bâtiments qu'il supposa être ceux de l'ancienne mission jésuite perdue, à propos de laquelle couraient de nombreuses histoires. Le jour tombait, aussi le prospecteur s'installa-t-il pour la nuit. Alors qu'il allait se coucher, il entendit soudain un cri rauque déchirer le silence. Levant la tête, il vit alors, juchée sur un des murs, une grande créature aux ailes membraneuses. Terrifié, il se leva d'un bond et courut à perdre haleine, tombant à de multiples reprises et s'écorchant dans les buissons épineux. Il finit par retrouver le camp de la mine et s'effondra, ne se réveillant qu'au retour de son compagnon. Les deux hommes entreprirent d'explorer la mine, mais décidèrent qu'il valait mieux faire analyser des échantillons du minerai avant de se lancer dans l'énorme travail de déblaiement. Le second prospecteur repartit donc, pour Tucson cette fois, avec des échantillons, laissant son ami blessé sur place, après l'avoir convaincu que la rencontre avec le monstre volant n'était qu'un cauchemar. Il dut se hâter, car un orage se préparait. Lorsqu'il revint quelques jours plus tard, il ne trouva nulle trace de son compagnon, ni même de l'entrée de la mine, car l'orage avait été très violent, et les pluies torrentielles avaient provoqué des affaissements de terrain rendant les lieux méconnaissables. Il partit aussitôt pour Nogales chercher de l'aide, mais les recherches ne donnèrent rien. Son compagnon ne fut jamais retrouvé. Avait-il été tué au cours de la tempête, enseveli quelque part sous la roche et la boue, ou bien dévoré par le monstre volant, comme on l'a suggéré? Le mystère reste entier.

Bien qu'elle ait des accents de vérité séduisants, il est difficile de dire si cette histoire est réelle ou non, car de nombreux récits du même genre existent dans ces régions, notamment celui concernant la mine Pima, au sud de Tucson.

Un gardien de nuit, engagé pour surveiller le dépôt à l'extérieur de la mine, appela son chef par radio-téléphone pour réclamer de l'aide; mais quand ce dernier arriva, le gardien tenait des propos incohérents et tremblait de tous ses membres. Lorsqu'il reprit un peu de son contrôle, il refusa de dire ce qui l'avait effrayé, mais supplia son chef de l'emmener ailleurs, puis il démissionna sans donner plus d'explications.

La solution fut trouvée quelques jours plus tard, lorsque le nouveau gardien de nuit démissionna à son tour. Il raconta qu'il avait entendu des bruits d'ailes et aperçu quelque chose qui passait au-dessus de lui. Il vit alors, sur un rocher, un grand animal ressemblant à une «gargouille», pourvu d'ailes membraneuses attachées à ses membres, d'un long bec et à la peau écailleuse.

Évidemment, de telles histoires paraissent peu crédibles, mais il faut toutefois se souvenir que les régions désertiques du sud des États-Unis sont relativement peu connues et explorées. Loren Coleman avance à ce sujet une hypothèse intéressante : ces récits auraient bien un fond de vérité, mais concerneraient des chauves-souris géantes venues des jungles d'Amérique centrale.

L'Amérique centrale et australe connaît d'ailleurs aussi des légendes persistantes à propos de grands « oiseaux » dont la description fait penser à des ptérosauriens.

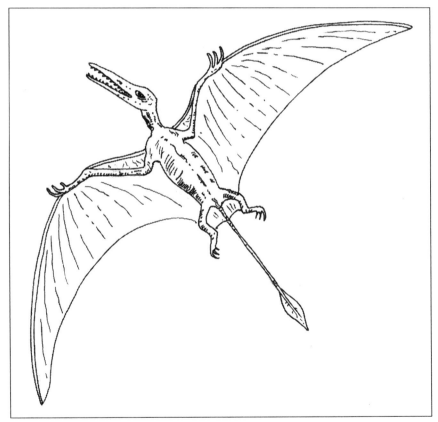

Des ptérosauriens survivent-ils à notre époque ?

Lors de leur arrivée, les Conquistadores en entendirent déjà parler. Il y a également des observations plus récentes.

Ainsi, le magazine *The Zoologist* de juillet 1868 rapportait qu'en avril de la même année, au Chili, des mineurs rentrant chez eux avaient aperçu une grande créature volante dont le corps avait « *une curieuse conformation* ».

« *Lorsqu'il passa au-dessus de nous, nous pûmes voir son corps distinctement. Les ailes étaient immenses, et de couleur grisâtre. Sa tête évoquait celle d'une sauterelle. Les yeux étaient grands ouverts et brillaient comme des charbons ardents. Le corps, très allongé, était hérissé d'écailles brillantes, qui s'entrechoquaient.* »

En 1947, un certain J. Harrison naviguait dans l'estuaire de l'Amazone, appelé « Manvos », quand il observa ce qu'il prit tout d'abord pour des oiseaux qui volaient en formation en V. Mais quand il les vit mieux, il décrivit des créatures de 3 à 4 m d'envergure, de couleur brune, avec des ailes à l'aspect de cuir, sans plumage visible, avec un long bec et un long cou.

En 1992, l'hebdomadaire australien *People* rapportait qu'un petit avion avait failli entrer en collision, au-dessus de la jungle du Brésil, avec un « lézard volant » de grande envergure.

Ces observations concernent-elles des ptérosauriens survivants, ou bien des chauves-souris géantes inconnues ? Difficile à dire.

Nous possédons cependant un témoignage beaucoup plus important et déterminant, puisqu'il émane d'un scientifique.

Par une belle journée de 1932, dans les montagnes d'Assumbo, au Cameroun, le zoologiste anglais Ivan Sanderson prospectait la région avec un compagnon, Gerald Russell. Alors que Sanderson voulait traverser un gué, il glissa et tomba à l'eau. À ce moment, Russell cria : « Attention ! » Le zoologiste leva la tête et plongea aussitôt. Car, à environ un mètre au-dessus de l'eau, une « chose » noire, grande comme un aigle, fondait sur lui. Pourvue d'ailes membraneuses, sa mâchoire inférieure pendait, découvrant des dents acérées. Russell tira sur l'animal, qui s'enfuit. À la fin de la journée, l'étrange bête réapparut, claquant des dents, les ailes bruissantes. Elle attaqua Russell, et celui-ci eut juste le temps de se jeter au sol. Puis, l'animal disparut dans la nuit, pour de bon cette fois.

Les habitants du pays dirent que les deux hommes avaient rencontré l'Olitiaou, bien connu des autochtones.

L'animal aurait éventuellement pu être une grande chauve-souris, mais les plus grandes connues en Afrique, les roussettes, ne dépassent pas un mètre d'envergure. Or, l'animal vu par Sanderson et Russell avait une envergure de plus de 3,50 m. S'agissait-il d'une espèce inconnue de chauve-souris géante ? Mais les deux scientifiques ne l'auraient-ils pas alors reconnue comme telle ? Ou bien était-ce un ptérosaurien survivant ?

Notons que Loren Coleman (*Mysterious America*) parle d'un ptérodactyle qui aurait été filmé, au début des années 1970, tandis qu'il survolait le Yucatan. D'autre part, un chasseur américain, Jim Kosi, prétend détenir deux bandes vidéo, montrant, l'une, un ptérodactyle d'une envergure d'environ 6 m, prenant son envol d'un éperon rocheux ; l'autre, le cryptozoologiste Roy Mackal tenant un crâne de ptérodactyle. La scène se passerait en Namibie, et le crâne n'aurait rien d'un fossile, puisque des lambeaux de chair y adhéreraient encore. Ce crâne serait aujourd'hui en possession de Kosi, et déposé, avec les bandes vidéo, chez ses avocats à Chicago.

Pour finir, mentionnons des observations plus fantastiques encore, mettant en scène des créatures énigmatiques à l'aspect de ptérosauriens. Précisons tout de suite que ces cas sont très douteux, mais peut-être faut-il envisager qu'ils aient été exagérés.

Le *News Tribune* du 1er mai 1994 rapportait l'observation faite peu de temps auparavant par un jeune homme de 18 ans, dans la région du Mont Rainier, dans l'État de Washington. Une nuit, alors que, ayant des problèmes de moteur, son véhicule s'était arrêté au milieu de la route forestière, il vit tout à coup quelque chose dans la lumière de ses phares. Quelque chose qui descendait vers le sol, venant apparemment des arbres. Une créature à l'aspect vaguement anthropomorphe, mais avec de grandes ailes semblant faites de cuir, comme celles des chauves-souris, attachées aux « épaules ». Le corps, épais, avait un aspect un peu humanoïde ; la tête, massive, était allongée comme un museau (elle évoqua au témoin celle d'un loup), la bouche était garnie de dents pointues, mais sans crocs. Les yeux étaient jaunâtres. La créature paraissait couverte d'une fourrure courte de teinte bleutée. Ses « mains » se terminaient par des serres. Les oreilles pointues, aux extrémités touffues, évoquaient celles d'un chat ou d'une chauve-souris. La créature mesurait environ 2,70 m de haut. Après s'être posée, elle resta immobile, regardant le jeune homme, et paraissait aussi intriguée que lui. Puis, au bout de quelques minutes, elle s'envola et disparut dans la nuit. Le témoin réussit à redémarrer et rentra chez lui. Il alla trouver un voisin connaissant très bien la forêt, et lui raconta ce qu'il avait vu. Tous deux repartirent sur place, mais ne purent trouver aucune trace de la créature.

Sur la petite île de Seram, à l'est de Java, vivraient d'étonnantes créatures, de taille humaine (environ 1,50 m), pourvues d'ailes membraneuses noires, d'une longue queue fine, à la peau rougeâtre, et qui habiteraient dans les cratères des volcans éteints. On appelle localement cette race de créatures *Orang-bati*, « homme volant ». Dans les années 1980, l'agronome Tyson Hughes, qui travaillait comme chef de projet dans une exploitation d'agriculture et d'élevage, entendit à nombreuses reprises parler de ces êtres énigmatiques. On raconte que l'on peut entendre leur hurlement sinistre lorsqu'ils survolent la jungle vers la côte. On dit même qu'ils auraient enlevé des bébés dans les villages, et les auraient emmenés jusqu'à leurs tanières dans les cratères.

En 1966-1967, dans l'État de Virginie, une curieuse créature défraya la chronique. Surnommée d'abord « *The Bird* » (l'oiseau), les journalistes la baptisèrent ensuite « *Mothman* » (l'homme-phalène), en référence à un personnage de la série télévisée « *Batman* ». La créature fut observée à plusieurs reprises, toujours à Pleasant Point et dans les environs immédiats. La description des témoins était toujours identique : l'être mesurait environ 1,80 m à 2,10 m de haut, avait de grandes ailes membraneuses en cuir, et de grands yeux rouges et luisants. Il était capable de voler à grande vitesse, puisqu'il suivit sans difficultés une voiture roulant à 160 km/h. Lors d'une observation, le 25 novembre 1966, le témoin, Thomas Ury, lui attribua une envergure d'environ 3 m. La dernière apparition eut lieu le 19 mai 1967, puis Mothman disparut totalement. Le chercheur John Keel enquêta sur place[6] et recueillit de nombreux témoignages : tous décrivaient la créature de la même façon. Haute de 2 m environ, elle avait une envergure de 3 m, elle était de couleur grise ou brune, et avait de grands yeux rouges et luminescents. Curieusement, elle ne paraissait pas avoir de membres antérieurs, ou du moins ceux-ci restaient invisibles, de même les yeux se situaient à hauteur des « épaules », ce qui laissait penser qu'elle n'avait pas de cou visible. La créature avait des membres postérieurs, mais lorsqu'elle volait, ceux-ci restaient serrés, faisant croire à leur absence.

Il y a encore d'autres cas très curieux.

Ainsi, les annales rapportent qu'un « homme-oiseau » aurait survolé Brooklin, le 18 septembre 1877. Le *New York Times* rapporte qu'un « *homme avec des ailes de chauve-souris et des jambes de grenouille* » aurait été aperçu

---

6. Voir, de John Keel, *Strange Creatures from Time and Space*, et *The Mothman Propheties*. L'affaire « Mothman » est aussi rapportée dans *Flying Saucer Review* de juillet-août 1967, et dans le livre de Bruce Rux, *Hollywood versus the Aliens*.

au-dessus de Coney Island, en septembre 1880. En 1908, un autre «homme-oiseau» aurait été observé par des chasseurs, dans la région de Vladivostok, en Russie orientale, et on découvrit d'étranges empreintes sur le sol. En 1950, au Brésil cette fois, un couple qui se promenait sur la plage de Pelotas observa deux curieux «oiseaux» de 2 m de haut, avec d'immenses ailes, dont la forme était plutôt humanoïde.

Nous ne pouvons pas quitter ce sujet sans évoquer rapidement les mystérieux « *Chupacabras*» (suce-chèvres) qui défrayent la chronique de Porto-Rico depuis décembre 1994. On les accuse de s'attaquer à divers animaux (vaches, moutons, chèvres, lapins, poules, mais aussi chats et chiens et des petits animaux sauvages, notamment des rongeurs et des oiseaux) et de les vider de leur sang. Ces cas sont très étranges, car on a remarqué que l'on ne trouvait jamais aucune marque sur le côté opposé des blessures, ni écorchure, ni morsure, ni griffure, ni même de traces d'une quelconque pression, ou le plus petit indice que la victime se serait débattue. Or, il est bien évident que lorsqu'un carnassier mord sa proie, la pression s'exerce obligatoirement sur les deux parties de la mâchoire et non sur une seule, et on trouve normalement des traces dues aux griffes du prédateur maintenant sa proie. Dans le cas des « *Chupacabras*», on ne trouve rien de tout cela. Ce mystère n'a toujours pas de réponse.

La description de ces créatures est la suivante : tête ovale à la mâchoire proéminente, grands yeux étirés en amande, de couleur rouge. La bouche paraît plutôt petite, mais abrite des dents très pointues, ainsi que des crocs saillants vers le haut et le bas, et une longue langue pointue. Elles sont couvertes d'une courte fourrure ayant des capacités mimétiques. Elles possèdent des sortes d'ailes membraneuses constituées d'un tissu liant les membres antérieurs au torse. Les pattes postérieures seraient courbes, comme celles de chèvres, et très puissantes. On se perd en conjectures sur l'identité de ces « *Chupacabras*». Selon la *Pterodactyl Society* de Tucson, il s'agirait de ptérosaures survivants et évolués, descendants du *batrachognathus*.

CHAPITRE V

LES OISEAUX GÉANTS

Les premiers oiseaux sont apparus au cours du Jurassique, et de nombreuses espèces se sont développées durant le Crétacé.

Certains étaient très grands, comme le Tératorne, dont les ossements fossiles ont été retrouvés au Mexique, en Argentine, et dans le sud des USA. Il atteignait près de trois mètres de long pour une envergure de 7 m, et devait peser dans les 80 kg.

Le plus ancien oiseau connu, *Archeopteryx* (« aile ancienne »), était, en fait, un oiseau très archaïque, qui pourrait bien faire le lien entre les dinosaures et les oiseaux (puisque les oiseaux sont des descendants de certains dinosaures). Le premier vestige de ce pseudo-oiseau, en l'occurrence une plume, très bien conservée, provenant de calcaires du Jurassique supérieur, fut découvert en 1861, à Solnhofen. L'année suivante, Hermann von Meyer décrivit cette plume unique et la baptisa *Archeopteryx lithographica*. Peu de temps après, on trouva, dans la même carrière, un squelette presque complet, avec ses plumes, qui fut acheté par le Muséum d'Histoire naturelle de Londres, et décrit par le professeur Richard Owen. Par la suite, un autre spécimen d'*Archeopteryx* fut exhumé dans la même région d'Allemagne, encore mieux conservé que le premier.

Ce qui frappa tout d'abord, c'est qu'*Archeopteryx* montrait des ressemblances aussi bien avec les oiseaux qu'avec les reptiles. En effet, avec ses dents pointues, ses griffes et sa longue queue osseuse, il ressemblait beaucoup à un reptile. Mais, plus important encore, les os du bassin, ainsi que ceux des membres antérieurs et postérieurs, étaient presque identiques à ceux de certains petits dinosaures carnivores comme *Deinonychus*[1], ou *Compsognathus*[2], également découverts à Solnhofen. On pense aujourd'hui que les plus proches parents des dinosaures sont, non pas les reptiles, mais les

---

1. Il doit son nom (« griffe redoutable ») à l'imposante griffe en crochet, extrêmement acérée, dont chacune de ses pattes postérieures était pourvue. Bien que de taille moyenne (environ 2 m de haut pour une longueur de 3 m), il était redoutable car chassant en bandes, et était très rapide (jusqu'à 40 km/h).

2. Son nom signifie « fine mâchoire ». Ce petit dinosaure carnivore (environ 60 cm de long) avait à peu près la taille d'un gros poulet, et sa queue était aussi longue que le corps. Très rapide et léger, il chassait les lézards et autres petits reptiles du Jurassique. Ses longs membres postérieurs ressemblaient à des pattes d'oiseau.

oiseaux. L'évolution des dinosaures vers les oiseaux a pu se faire par l'intermédiaire d'*Archeopteryx*[3].

Les oiseaux préhistoriques sont supposés disparus depuis longtemps, même si certains survivaient encore il y a quelques siècles. Pourtant, tout n'est pas aussi simple.

Commençons par les Dinornis. Ces oiseaux préhistoriques géants, incapables de voler, parents lointains des autruches, ont bien survécu jusqu'à une époque récente.

Le Dinornis ou moa.

Cet oiseau archaïque se caractérise par sa taille et son absence totale d'ailes. Il vivait en Nouvelle-Zélande[4]. L'archipel n'a été peuplé par les humains qu'à une époque récente, puisqu'il connut trois vagues de colonisation, deux

3. Les os des pattes des pigeons, par exemple, sont disposés à peu près comme ceux des pattes de dinosaures carnivores comme *Deinonychus* ou *Compsognathus*. Le hoazin, oiseau des forêts amazoniennes, ressemble assez à *Archeopteryx*; les jeunes ont des ailes griffues comme lui, et s'en servent pour grimper aux arbres. Il ne paraît plus faire aucun doute aujourd'hui que les oiseaux sont des descendants de dinosaures.
4. Cet archipel ne possède guère de mammifères autochtones, c'est pourquoi les oiseaux y régnèrent-ils en maîtres : il fut d'ailleurs surnommé l'« Ornithogée », ou Terre des oiseaux.

au XIIe siècle et une au XIVe siècle. Les derniers envahisseurs humains, les Maoris, appelèrent ces oiseaux géants des « moas ».

Les moas étaient, en réalité, tout un groupe d'oiseaux aptères, qui se développèrent jusqu'à atteindre une taille impressionnante. Le plus grand, *Dinornis giganteus*, mesurait 3,50 m de hauteur, et pesait dans les 300 kg.

Les moas furent exterminés par les Maoris, et le massacre se poursuivit jusqu'au XVIIe siècle. Toutefois, des rumeurs de leur survie ont persisté jusqu'au XIXe siècle. Ainsi, en 1844, un Maori, Haumatangi, rapporta au gouverneur Fitz-Roy qu'il avait vu un moa vivant, alors qu'il avait une douzaine d'années, soit en 1771. Mais, vers 1800, il était convenu que les moas n'existaient plus qu'en quelques groupes isolés. Depuis, les ornithologues poursuivent la recherche des survivants possibles de l'espèce. En effet, leur survivance n'a rien d'impossible. Ainsi, un autre oiseau, le takahe était supposé totalement disparu, et certains scientifiques ne croyaient même pas qu'il eût existé et le rangeaient dans la mythologie maorie, pour la simple raison qu'aucun ossement n'avait jamais été retrouvé. Pourtant, non seulement on finit par trouver des ossements, mais surtout, le docteur Geoffrey Orbell, après des recherches opiniâtres, finit par découvrir un couple de takahes, bien vivant, en 1947, dans une région très isolée d'une montagne près du lac Te Anau. Il est donc peut-être un peu prématuré d'affirmer l'extinction totale des moas. Déjà en 1863, Ferdinand von Hochstetter envisageait très sérieusement leur possible survivance. En 1823, un chasseur de phoques aurait trouvé des os de moa encore entourés de chair, à Molyneux Harbour, dans l'île du Sud. En 1861, le *Nelson Examiner* rapportait la découverte d'empreintes de 35 cm de long, appartenant manifestement à un oiseau. Et ces empreintes étaient bien récentes et non fossiles. En 1868, alors qu'il était à la pointe australe de l'île du Sud, sir George Grey recueillit d'un groupe de Maoris le récit détaillé d'une récente chasse au moa, durant laquelle un jeune oiseau aurait été tué, alors qu'il était en compagnie d'un groupe de six ou sept adultes.

Si l'on en croit ces éléments, les moas auraient survécu au moins jusqu'après le milieu du XIXe siècle et, dans ce cas, ils pourraient bien exister, encore aujourd'hui, quelques spécimens survivants.

Notons encore qu'en 1933, trois Néo-Zélandais affirmèrent avoir réussi à photographier, le 20 janvier, un moa vivant, mais on n'eut aucune confirmation de cette histoire.

Il nous faut également mentionner que les légendes maories évoquent un oiseau géant mangeur d'hommes, appelé « Pou-kai ». Cet oiseau pourrait bien avoir existé. Il s'agirait de *Harpagornis*, le plus grand aigle ayant jamais existé, avec ses 3 m d'envergure. On sait qu'il était parfaitement capable de tuer un moa. Il disparut, semble-t-il, il y a environ 500 ans, sans doute parce que sa proie principale, le moa, avait été exterminée, du moins en grande partie, par les Maoris. Il est bien possible qu'il s'en soit pris également aux humains. Jared Diamond écrivait à ce propos : « *On ne peut que spéculer sur ce que fit ce puissant spécialiste de l'attaque de grandes proies bipèdes, lorsqu'il vit arriver les premiers Maoris.* »

Passons maintenant à Madagascar, pour évoquer un lointain cousin des moas.

Depuis très longtemps, les contes arabes font mention d'un gigantesque oiseau fabuleux : le Rock (ou Roc). Or, cet oiseau n'est peut-être pas si fabuleux que cela. On sait que depuis le Moyen Âge, les Arabes s'aventuraient jusqu'aux parages de Madagascar, où ils ont très bien pu voir des squelettes d'oiseaux et des œufs de grande taille, vestiges d'*Æpyornis*, gigantesque oiseau dépourvu d'ailes.

Æpyornis.

Moins grands que les Dinornis, mais plus massifs, ils auraient pesé jusqu'à 100 kg. Ils ont disparu, naturellement semble-t-il, vers le XVIIᵉ siècle. Mais, à l'instar de leurs cousins néo-zélandais, peut-être certains spécimens ont-ils survécu dans des régions isolées ?

Venons-en à présent à la possible existence d'autres oiseaux de grande taille, volants ceux-là.

Oiseau géant dévorant un homme.
Pétroglyphe de Çatal Hüyük, Anatolie.

Au cours du mois de février 1895, la jeune Landy Junkins, âgée de dix ans, disparut mystérieusement. Sa mère l'avait envoyée faire une course chez une voisine, mais elle n'arriva jamais à destination. On organisa des recherches. Ses traces, bien visibles dans la neige, montraient qu'elle avait quitté le chemin pour entrer dans un champ. Là, des piétinements paraissaient indiquer qu'elle avait tourné en rond, comme pour essayer d'échapper à un agresseur inconnu. Il n'y avait aucune trace en dehors des siennes dans la neige: la menace venait donc manifestement d'en haut. On ne retrouva jamais la petite fille. À l'époque, sa disparition fut attribuée à un oiseau géant. Or, un incident qui se produisit quelques jours plus tard renforça cette hypothèse. En effet, un chasseur d'ours du nom de Peter Swadley fut attaqué par un oiseau de très grande taille, qui lui laboura le dos de ses serres monstrueuses. L'homme ne dut son salut qu'à son chien qui se jeta sur l'oiseau pour défendre son maître. L'oiseau lâcha en effet l'homme et fondit sur le malheureux chien, qu'il parvint à emporter dans les airs. L'oiseau fut encore aperçu par le shérif et son fils, alors qu'ils chassaient dans la forêt. Ils estimèrent qu'il atteignait au moins 5 m d'envergure (alors que le plus grand oiseau connu, l'albatros des mers du Sud, a une envergure de 3,50 m au plus), et que son corps était environ de la taille d'un homme.

En Pennsylvanie, un jour de 1940, Robert Lyman traversait la forêt de Coundersport, lorsqu'il aperçut sur la route un grand oiseau au pelage brun, haut d'environ 1 m. Son cou et ses pattes étaient courts. Lorsque l'oiseau prit son envol, Lyman s'étonna de son envergure exceptionnelle, qu'il estima à près de 7 m. Déjà en 1882, à Dent's Run, toujours dans l'État de Pennsylvanie, un certain Fred Murray disait avoir vu dans le ciel des oiseaux ressemblant à des vautours, mais qui avaient une envergure de plus de 5 m. Depuis la fin du XIXᵉ siècle, de nombreux oiseaux géants auraient été aperçus aux États-Unis, et beaucoup de légendes amérindiennes se réfèrent à de tels monstres, qui ne sont peut-être pas mythologiques.

Le mythe des oiseaux géants est en effet connu un peu partout chez les Amérindiens du Nord, de la Californie à l'Alaska pour la côte ouest, et, pour la côte est, surtout dans la région des Grands Lacs. Dans l'extrême Nord, du Pacifique à l'Atlantique, ils étaient appelés «oiseaux-tonnerre» (*Thunderbirds*), parce qu'ils avaient la réputation de migrer et de retourner dans le Nord avec les orages d'été (et aussi parce que la mythologie leur confère parfois le pouvoir de provoquer l'orage). On retrouve, en fait, cette dénomination générale de la Colombie britannique à la Géorgie.

Le « Piasa » de Alton, Illinois.

Les Cherokee les appelaient « *Tlanuwa* »; en Nouvelle-Angleterre, ils portaient le nom de « *Pilhannaw* » ou « *Mechquan* ». La croyance aux «Thunderbirds» est toujours répandue, puisque, à la fin des années 1970, un Ojibwa, James Red Sky, affirmait : « *Nous avons vu un Thunderbird il y a peu de temps. C'était un oiseau immense. Bien plus grand qu'un avion. Il volait d'ailleurs comme un avion, sans battre des ailes. Il était blanc sous le ventre, et noir sur le dos.* »

À Alton, dans l'Illinois, se trouve une falaise peinte, au-dessus du fleuve Mississippi, qui représente un Thunderbird, localement appelé « *Piasa* » ou « *Piasaw*» par les Amérindiens Illini. Ce nom signifie «l'oiseau qui dévore les hommes».

La peinture originale était ancienne, mais on ignore à quand elle remonte exactement. La plus ancienne description que l'on en possède est celle faite en 1673 par le missionnaire-explorateur français Jacques Marquette.

« Sur la face plate d'une colline ont été peints, en rouge, noir et vert, deux monstres, chacun aussi grand qu'un veau, avec des cornes comme celles d'un cerf, des yeux rouges, une barbe comme celle d'un tigre, et une expression faciale terrible. Le visage évoque celui d'un homme, le corps est couvert d'écailles, et la queue est si longue qu'elle entoure complètement le corps et passe au-dessus de la tête et entre les pattes, se terminant comme une queue fourchue de poisson. »

Selon la légende, le Piasa avait son repaire dans une grotte d'un escarpement rocheux au-dessus du Mississippi. Il n'apparaissait qu'une fois par an, au premier jour de l'automne, quand il émergeait du fleuve afin de réintégrer sa caverne pour y passer l'hiver. Au départ, la coexistence entre le Piasa et les Illini restait pacifique, mais au cours d'une bataille entre deux tribus, le Piasa emporta les cadavres de deux guerriers et les mangea. C'est ainsi qu'il prit goût à la chair humaine. Il se mit alors à attaquer les humains, notamment les enfants. Un brave du nom de Massagota (le chef Ouatogo, dans une autre version) tendit un piège au monstre. Tandis qu'il s'offrait en victime, vingt guerriers embusqués jaillirent et tuèrent le Piasa. Pour commémorer l'événement, on peignit l'image du monstre sur la falaise au-dessus du Mississippi. Lorsqu'ils passaient, les Amérindiens tiraient des flèches, puis des balles, contre l'effigie, afin de conjurer le monstre et l'empêcher de renaître.

La peinture fut donc ainsi abîmée régulièrement, et il fallut la refaire à plusieurs reprises. Cela dura jusqu'en 1846-47, quand l'exploitation d'une carrière détruisit malheureusement la représentation. Par la suite, une copie en fut peinte sur une falaise proche de l'originale, et celle-ci est parvenue jusqu'à nous.

Dans la même région, à Cohokia, on découvrit, en 1971, sur un des tumuli édifiés par les mystérieux Mound Builders, une pierre représentant une sorte d'hybride homme-oiseau.

Le torse et la tête sont humains, et le nez du personnage est fortement crochu, comme un bec d'oiseau, et il paraît avoir des ailes (ou est-ce plutôt une cape?). D'autres représentations similaires ont été trouvées dans les Spiro Mounds, Oklahoma, et dans les Etowah Mounds de Géorgie. S'agit-il de représentations d'un chamane en costume ornithomorphe, ou de celles d'un Thunderbird ?

L'homme-oiseau de Cahokia.

On trouve également en Arizona trace d'oiseaux géants, notamment un pétroglyphe découvert sur le site de Puerco Ruin, dans le *Petrified Forest National Park*, représentant un oiseau géant apparemment en train de dévorer un homme. La silhouette est bien celle d'un oiseau, mais certains ont voulu y voir un ptérosaurien de type ptéranodon.

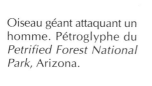

Oiseau géant attaquant un homme. Pétroglyphe du *Petrified Forest National Park*, Arizona.

Pour les cryptozoologues Loren Coleman et Mark Hall, les Thunderbirds de l'Illinois, de Pennsylvanie ou encore du Tennessee seraient des Tératornes, ces oiseaux géants préhistoriques supposés éteints depuis 5 à 8 millions d'années. D'autres opteraient plutôt pour des ptérosauriens survivants et évolués. La question reste en suspens, même si l'hypothèse des oiseaux, préhistoriques ou non, est plus facilement envisageable.

Ces cas restent assez mystérieux et intrigants, et il est vrai que les observations ne manquent pas.

Ainsi, en 1947, un oiseau géant aurait fait des ravages parmi les troupeaux de la région de Ramore, au Canada. Il avait, dit-on, des serres immenses, un bec recourbé, des yeux jaunes et le plumage noir. Quelques mois plus tard, en janvier 1948, un oiseau gris-vert, avec des ailes de très grande taille, fut signalé plusieurs fois dans l'État de l'Illinois. Le 4 avril suivant, un militaire à la retraite, Walter Siegmund, aperçut « *un oiseau d'une taille inhabituelle* » à plus de mille mètres d'altitude. Quelques jours plus tard, il était de nouveau signalé, au-dessus de Saint-Louis cette fois, où la plupart des témoins le prirent tout d'abord pour un avion. D'autres apparitions eurent encore lieu, en 1957, au-dessus de la Pennsylvanie ; en 1966, en Virginie, dans l'Utah, dans l'Ohio et le Kentucky. En juillet 1977, près de Delava, dans l'Illinois, deux oiseaux géants furent aperçus, dont l'un tenta de soulever un porc devant peser dans les 25 kg. Selon les témoins, les oiseaux ressemblaient à des condors de Californie. Seulement, les condors ne s'attaquent jamais à des proies vivantes, et, de plus, ils sont bien incapables de soulever un tel poids !

Peu de temps après, le 25 du même mois, toujours dans l'Illinois, mais à Lawndale, non loin de Cahokia et de la falaise du Piasa, un jeune garçon de 10 ans, Marlon Lowe, fut attaqué et arraché du sol par un oiseau géant. Sa mère, qui avait assisté à l'enlèvement, hurla et courut vers les oiseaux (le second était, lui aussi, descendu vers le sol, mais n'attaqua pas l'enfant). L'oiseau s'éleva jusqu'à une quinzaine de mètres, puis lâcha le garçon, qui retomba lourdement, mais heureusement sans se blesser. Six personnes furent témoins de l'accident. Les oiseaux partirent ensuite en direction du nord-est. Mme Lowe décrivit les oiseaux comme ressemblant à des condors de 8 à 10 pieds d'envergure, soit 2,50 m à 3 m. Leur plumage était entièrement noir, à l'exception du cou, marqué d'un anneau blanc, qui avait une cinquantaine de centimètres de longueur. Elle nota encore le bec recourbé d'environ 15 cm. Deux ans plus tard, elle confia aux enquêteurs Loren et Jerry Coleman : « *Je n'oublierai jamais comment ce grand oiseau tendait son long cou tacheté de blanc vers mon fils comme pour lui donner des coups de bec. Je me tenais debout devant la maison lorsque, tout à coup, j'ai vu Marlon emporté, les pieds suspendus en l'air. Nous ne connaissions aucun oiseau dans la région qui aurait eu la force de le soulever ainsi.* »

Citons encore un cas des plus curieux. En juillet 1968, alors qu'il passait ses vacances à Keeneyville, dans l'Illinois, David Saint-Alban observa un énorme oiseau noir, qu'il prit tout d'abord pour une grue. Mais il avait plutôt des allures de rapace. Le jeune homme pensa à un aigle, mais cet oiseau avait alors disparu de la région depuis des années. L'oiseau se rapprocha, et le témoin vit ainsi qu'il ressemblait en fait à un condor, avec son long cou et sa tête nue à la peau rose. À la base du cou se voyait du duvet blanc. Les plumes, elles, étaient totalement noires. L'oiseau était énorme, et le cou à lui seul paraissait atteindre au moins 30 cm. L'envergure de l'animal paraissait bien supérieure à celle d'un condor. Lorsqu'il fut suffisamment près pour que le témoin puisse le détailler, il nota le long bec jaune orangé recourbé à l'extrémité, l'œil noir et brillant et surtout… le bec pourvu de deux rangées de dents pointues !

Tête de l'« oiseau » observé à Keeneyville, Illinois, en juillet 1968.
D'après le croquis d'un témoin.

Ce témoignage (publié dans le n° 5 de la revue américaine *World Explorer*), qui n'a d'ailleurs pas été confirmé, est évidemment des plus curieux, pour ne pas dire douteux, mais sait-on jamais ?

CHAPITRE VI

MEGATHERIUMS, NEOMYLODONS ET PARESSEUX GÉANTS

Les actuels paresseux d'Amérique du Sud sont des mammifères indolents de petite taille (à peu près celle d'un chat). Au début de l'ère quaternaire, ils eurent toutefois des parents de grande taille : le megatherium atteignait la taille d'un éléphant, le neomylodon, quant à lui, était grand comme un bœuf. Ces grands mammifères poilus avaient un cuir épais, et leurs osselets les rendaient très difficiles à tuer. Leur corps massif et lent en faisait toutefois des proies vulnérables, leur seule défense résidant dans leurs puissantes griffes.

Megatherium. Gravure du XIXᵉ siècle.

Officiellement, ces animaux ont disparu depuis plus de 8 000 ans. Pourtant…

En janvier 1895, le capitaine Eberhardt explorait la caverne d'Ultima Esperanza, située à la pointe de l'Amérique du Sud, non loin du détroit de Magellan, lorsqu'il fit une curieuse découverte. Il trouva un morceau de cuir couvert de poils roux, et renforcé par des osselets, long de 1,50 m et large de 70 cm. L'échantillon était si résistant (les osselets faisant office de blindage naturel) qu'il fallut user d'une scie pour le découper. Le cuir paraissait assez récent. À quel animal pouvait-il bien appartenir ? Aucune espèce sud-américaine ne possède un tel blindage. Cette énigme ne tarda pas à passionner le monde scientifique, d'autant plus que la grotte recélait d'autres trésors : des os portant encore des muscles et des tendons, un tas de fourrage, d'énormes excréments dans lesquels on découvrira du foin haché, ainsi qu'un squelette humain. D'autre part, un vestige de muret de pierre indiquait clairement que des hommes avaient jadis interdit l'entrée de la grotte. Manifestement, un animal de grande taille avait été enfermé là par les Indiens Téhuelches. Tout porte à croire que cet animal était un paresseux géant, lequel aurait ainsi survécu beaucoup plus longtemps qu'on ne le croyait.

D'autres éléments militent en faveur de cette survivance.

Les Indiens Téhuelches avaient conservé le souvenir d'un grand animal couvert d'un pelage roussâtre, ayant l'apparence générale d'un ours gigantesque, sur lequel les flèches ricochaient. Cela correspond très bien au neomylodon ou au megatherium que leur armure naturelle de cuir et d'osselets mettait à l'abri des flèches.

D'autre part, à la même époque, vers 1895 donc, un homme politique, voyageur et géographe argentin, Don Ramon Lista, se trouvait dans la province de Santa Cruz lorsque lui et ses compagnons rencontrèrent un curieux animal, couvert d'un pelage gris roussâtre, de faible taille. Les hommes tirèrent sur lui (geste parfaitement stupide), mais l'animal continua son chemin sans s'en préoccuper. Ne s'agissait-il pas d'un jeune paresseux géant ?

Plusieurs expéditions partirent à la recherche du paresseux géant, mais sans succès. Il apparut en outre que les vestiges découverts dans la grotte d'Ultima Esperanza étaient plus anciens qu'on ne le croyait. Pourtant, tous les espoirs ne sont pas perdus.

En effet, dans l'ouest de l'Amazonie courent de nombreuses histoires à propos du *Mapingari*, grand animal à fourrure rousse, haut de 2 m, pesant dans les 200 à 300 kg, et dont la description correspond bien à celle d'un mylodontidé comme le neomylodon (même s'il fut, au début, décrit comme un grand singe). L'animal a été observé à de nombreuses reprises, tant par les tribus autochtones que par des chercheurs d'or et collecteurs de caoutchouc qui sillonnent la forêt. Selon les témoignages, le Mapingari se protégerait en émettant un gaz nocif par une ouverture ou une glande située sur son ventre. L'ornithologue David Oren, qui entendit parler du Mapingari au cours d'une mission d'étude, se passionna pour ce mystère et passa neuf ans à chercher cet animal. Il pensait notamment le découvrir dans la province d'Acre, à proximité de la frontière péruvienne, lorsqu'il est supposé descendre des Andes pour se reproduire dans la forêt. Malgré ses efforts, il ne parvint jamais à en voir un, mais réussit néanmoins à trouver des empreintes dont il fit des moulages, enregistra ce qu'il suppose être le cri du Mapingari. Il filma également des traces de griffes sur des troncs d'arbres. Il a, en outre, découvert des poils et des fèces supposés appartenir à l'animal mystérieux. Des témoignages rapportent également que le Mapingari résisterait aux balles, ce qui correspond au neomylodon. Trois spécimens auraient été tués par des chasseurs, mais la pestilence se dégageant des cadavres aurait contraint les hommes à abandonner les dépouilles en route.

Certes, il n'y a aucune certitude, mais les éléments dont nous disposons permettent bien d'envisager la survivance de ces paresseux géants, et qui sait si, quelque part dans les épaisses forêts de l'Amérique du Sud, des neomylodons ou megatheriums ne vivent pas en paix, à l'abri de la convoitise meurtrière des hommes ? Et pour combien de temps encore ?

Le paresseux géant vivait encore en Argentine à une période récente.

Chapitre VII

LES AMPHIBIENS

150 millions d'années avant les dinosaures, les amphibiens furent les premiers animaux à régner sur la terre ferme, sur laquelle ils arrivèrent il y a environ 370 millions d'années.

Le mot amphibien signifie « (qui a) deux vies ». En effet, les amphibiens typiques débutent leur vie dans l'eau, où la femelle pond ses œufs. Une fois les œufs éclos, les têtards respirent grâce à leurs branchies. Devenus adultes, ils gagnent la terre ferme et respirent cette fois à l'aide de leurs poumons, ainsi que par leur peau humide et visqueuse.

Mal adaptés en raison de leur double milieu et de leur besoin impérieux d'humidité, ils furent supplantés par les reptiles, et beaucoup d'entre eux disparurent. Seules quelques espèces survécurent et devinrent les ancêtres des grenouilles, des crapauds, des tritons et des salamandres (un autre groupe, les Cécilies, ne possède pas de pattes et ressemble à un gros ver ou à un petit serpent).

Si la plupart des amphibiens étaient de taille modeste, certains avaient toutefois une longueur très honorable. Ainsi, *Paracyclotosaurus*, originaire de l'actuelle Australie, mesurait près de 3 m de long, tandis que son cousin européen, le cyclotosaure, atteignait les 4 m. Tous deux étaient retournés à une vie uniquement aquatique.

Aujourd'hui, les amphibiens modernes vivent dans les étangs et les rivières, ou les lacs ; il n'existe plus, semble-t-il, d'amphibiens marins.

S'il existe, aujourd'hui encore, au Japon et en Chine, des salamandres géantes qui peuvent atteindre 1,80 m de longueur, celles d'Occident sont beaucoup plus petites.

Pourtant, si la plus grande des salamandres vivant aux États-Unis, le *Hellbender* du delta du Mississippi, n'excède pas 70 cm de long, des témoignages en provenance de Californie évoquent cependant des spécimens de ces amphibiens de plus grande taille.

Ainsi, en janvier 1960, une nouvelle parut dans quelques journaux du nord de cet État, selon laquelle un éleveur du nom de Vern Harden avait pêché, dans un des lacs isolés des Trinity Alps, une salamandre de 2,50 m de long.

Cette région est très sauvage et mal connue (c'est de cette région aussi que viennent beaucoup de témoignages à propos des Sasquatch ou Bigfoot, dont nous parlerons plus loin), et des espèces inconnues pourraient fort bien y vivre en petit nombre, dans le plus grand anonymat.

Malheureusement, selon Harden, un blizzard se leva et il dut abandonner sa prise, ne pouvant ainsi plus fournir aucune preuve de ses dires.

On peut soupçonner quelque chose de suspect dans cette histoire, mais il existe des rumeurs persistantes à propos de salamandres pouvant atteindre 2,75 m de long dans cette région, et de nombreux indices laissent penser qu'il y a de fortes chances qu'une espèce géante de salamandre vive dans les montagnes isolées de la Californie du Nord.

Rappelons aussi que l'on a envisagé l'existence d'amphibiens géants pour expliquer les observations de monstres dans certains lacs canadiens.

Venons-en à présent à un animal très énigmatique : le *Tatzelwurm* (« ver à pattes »). Cette fois, il s'agit d'une énigme très proche de nous, géographiquement parlant.

Ce mystérieux animal vivrait, en effet, dans les Alpes allemandes, suisses, autrichiennes et italiennes. On ne connaît pas d'observations dans les Alpes françaises, mais il y a cependant des traditions qui s'y réfèrent. On pourrait le considérer comme un animal mythique s'il n'y avait ces observations plus ou moins récentes. La plus ancienne semble remonter à 1779, lorsqu'un homme du nom de Hans Fuchs mourut d'une crise cardiaque après s'être trouvé nez à nez avec un tatzelwurm, à Unken, près de Salzbourg. Il existe une peinture d'époque qui représente la scène. Le tatzelwurm y a l'aspect d'un gros lézard doté de quatre pattes à trois orteils, ce qui correspond assez fidèlement à la description de la plupart des témoins.

En effet, le tatzelwurm ressemblerait à un lézard ou une salamandre de très forte taille. Sa bouche serait grande et garnie de dents pointues. Ses yeux sont grands et bien visibles ; par contre, le cou serait très court et à peine distinct. Le corps, plutôt massif et robuste aurait une longueur d'environ 70 cm à 1 m, voire parfois plus grand. La plupart des témoignages évoquent une couleur claire, blanchâtre, plus rarement brunâtre (mais les spécimens observés en forêt seraient d'une couleur plus sombre que ceux vus en milieu rocheux). Il existe également un témoignage qui parle d'un tatzelwurm noir avec des taches jaunes.

Ulrich Magin a recensé une quarantaine d'observations de tatzelwurms présumés, du XVIIIe siècle à nos jours. Au terme de son enquête, il a estimé que le tatzelwurm ne serait pas un reptile, mais bien un amphibien géant inconnu, sans doute proche de la salamandre géante du Japon et de Chine. Nous n'en savons malheureusement guère plus sur cet énigmatique animal.

Chapitre VIII

YÉTI, BIGFOOT ET HOMMES SAUVAGES

1. Les hommes sauvages

Avec ce chapitre, nous abordons l'un des sujets les plus controversés de la cryptozoologie. Il y est, en effet, question de l'existence de grands primates inconnus… dont certains pourraient bien être des ancêtres de l'homme moderne, en d'autres termes, des humains préhistoriques survivants. Aussi curieux que cela puisse paraître, la survie de certains hommes reliques n'est pas à écarter, et même au contraire doit être envisagée très sérieusement.

Bien que l'on pense généralement que les ancêtres de l'homme moderne ont totalement disparu, il semble toutefois que cette certitude puisse être prématurée. On a toujours cru que l'évolution des groupes humains impliquait la disparition du groupe plus ancien précédant la mutation. Cependant, ce point de vue doit peut-être être remis en cause.

En effet, en plusieurs endroits de la planète, courent d'étranges histoires sur des êtres velus, ressemblant à la fois à des hommes et à des singes. Si certains cas concernent apparemment de grands primates qui ne sont pas directement apparentés à l'Homme, d'autres seraient peut-être des parents plus ou moins éloignés, voire des humains reliques.

Ainsi, Bernard Heuvelmans pense-t-il que les « hommes sauvages » d'Asie pourraient être ce qui reste du Pithécanthrope, homme primitif qui occupait l'Asie du sud-est au cours du Pléistocène (c'est-à-dire il y a environ un million d'années, cette période s'étendant de moins 2 millions d'années à moins 10 000 ans), en particulier *Pithecanthropus rubustus* et *Meganthropus paleojavanicus*. Même la variété plus petite de ces espèces aurait pu survivre, si l'on en croit les témoignages.

Pour sa part, Zhou Guoxing, du Muséum d'Histoire naturelle de Pékin, estime que les créatures simiesques aperçues en plusieurs occasions dans la province de Hubei, notamment au cours des années 1970, pourraient descendre du Méganthropus. La Chine connaît en effet de nombreuses observations de ces hommes sauvages. Très récemment, en 1995, une équipe scientifique, enquêtant sur le sujet, découvrit, dans la région de Shennongjia, une empreinte de pied de 40,6 cm de long, ainsi que des poils brun-roux, supposés appartenir à l'énigmatique créature. Les observations sont assez fréquentes. Par exemple, le *New Evening Post* de Hong Kong rapporta qu'en septembre 1993, trois techniciens des chemins de fer, qui travaillaient à Shennon-gjia, dans la province de Hubei, observèrent des êtres velus, d'environ 1,50 m à 1,70 m de haut, ayant des cheveux roux et des yeux « ronds », avec un front et un menton saillants.

Homme sauvage, d'après un bois gravé chinois.

Autre hypothèse, celle envisagée par le paléontologue Ralph von Koenigswald qui, en 1935, trouva une série de dents fossiles d'origine asiatique, « *virtuellement identiques à des dents humaines, mais six fois plus grosses* ». Il estima qu'elles provenaient d'une espèce de singe géant disparue depuis sans doute 500 000 ans, qu'il appela *Gigantopithecus*. Mais celui-ci existe peut-être toujours. Le zoologiste Edward Cronin a avancé l'hypothèse selon laquelle, en Asie, il aurait fui l'homme en cherchant refuge dans les vallées himalayennes, tout comme ses parents ont pu trouver refuge en Asie du sud-est ou dans les forêts de l'ouest de États-Unis et du Canada.

Citons quelques cas significatifs.

Commençons par le nord de la Russie, dans la région de Karetica, près de la frontière avec la Finlande. Vyacheslav Oparin a passé 15 ans à rechercher une mystérieuse créature ressemblant à un « homme-singe », dont on a trouvé des empreintes, mais également un os de très grande taille. La créature aurait deux canines de 15 cm de long, dont elle se servirait pour arracher l'écorce des arbres et des branches. Notons également qu'en Sibérie ont couru quelques histoires à propos du *Tchoutchouna*, qui paraît avoir disparu depuis quelques décennies, et qui aurait été un primate géant. Un autre primate géant inconnu habiterait le Tadjikistan.

Depuis quelques années, on parle beaucoup du *Barmamu* (« grosse bête velue » en dialecte chitrali), repéré dans la région de Chitral, dans le nord du Pakistan. Le zoologue espagnol Jordi Magraner, chef d'une expédition européenne ayant longuement exploré la région, pense avoir entendu le cri du Barmamu à deux reprises. Il rapporta : « *La créature émet un son guttural, des cris brefs et puissants qui rappellent la voix humaine en même temps que le cri du chacal.* » On a aussi découvert des empreintes de pieds attribuées au Barmamu, ressemblant à celles d'un pied humain de taille 45 ou plus. Le Barmamu aurait une apparence humanoïde rappelant celle d'un néanderthalien, notamment par le visage au nez large et épaté, les arcades sourcilières protubérantes et les pommettes saillantes.

En juin 1958, l'agence Reuter rapporta une curieuse nouvelle venue de Sumatra. Dans le village de Pabamulith, des paysans auraient capturé une créature de sexe féminin, velue mais d'apparence très proche de celle de l'être humain, et mesurant environ 1,50 m. Les habitants de Sumatra l'appelaient une « *Sindaï* ». Le gouvernement hollandais offrait à l'époque une récompense pour la capture d'une de ces créatures vivantes, mais quand les villageois apprirent que le nouveau gouvernement indépendant se désintéressait totalement de ce genre de découvertes, ils relâchèrent la créature.

Une étrange histoire se serait produite en Chine, en 1939. Une paysanne disparut pendant 27 jours. À son retour dans son village, elle raconta qu'elle avait été enlevée par plusieurs créatures d'apparence simiesque, qui sont connues dans la région sous le nom d'*hommes sauvages de Hupp*. Ces êtres l'emportèrent dans la forêt, où ils auraient abusé d'elle à plusieurs reprises. Neuf mois plus tard, elle aurait mis au monde un bébé d'apparence simiesque, qui se développa normalement et mourut à l'âge de vingt ans, en 1960, sans que l'on connaisse les causes de ce décès. En 1980, des scientifiques chinois exhumèrent son squelette, et en entreprirent une étude approfondie. Après examen, ils conclurent qu'il tenait à la fois du singe et de l'être humain.

Précisons immédiatement qu'une telle hybridation est généralement considérée comme impossible, à cause des différences génétiques existant entre les deux espèces. En effet, l'être humain possède 46 chromosomes, et le chimpanzé, qui est le singe le plus proche de l'homme, en a 48. D'autre part, la structure de ces chromosomes est trop différente pour qu'une éventuelle union puisse porter des fruits viables. Mais s'agissait-il vraiment de singes? Pouvait-il s'agir de pré-humains ou d'humains archaïques?

On sait, par ailleurs, que des expériences d'hybridation ont été tentées en URSS vers 1930, et plus récemment en Chine et aux USA. Dans ces derniers pays, des embryons auraient été obtenus.

Il nous faut, à ce propos, mentionner une curieuse affaire qui se déroula en France, en 1897. Le 6 janvier, la fille d'un forain stationné à Vichy accoucha d'un bébé monstrueux qui ne survécut que quelques minutes. Il était hermaphrodite et présentait une anomalie exceptionnelle : l'absence de cerveau et de cervelet, ou anencéphalie, c'est-à-dire que son crâne s'arrêtait juste au-dessus des yeux. Il possédait également de nets caractères simiesques, avec des membres très longs, d'énormes yeux ronds et une conformation du thorax typique des anthropoïdes. Pour le Dr Therre, médecin-chef de la maternité de Vichy à l'époque des faits, ces caractéristiques simiesques n'étaient pas dues à l'anencéphalie, mais résultaient de l'acte de fécondation lui-même. En effet, la jeune fille, âgée alors de 16 ans, vivait quasiment cloîtrée par un père autoritaire qui lui interdisait tout contact avec une personne extérieure, et avait pour compagnon un singe. Ce singe mourut le lendemain de l'accouchement, apparemment sous l'effet du stress de sa séparation d'avec l'adolescente. L'anencéphale ne pouvait être que l'enfant du singe ou du père ; or, ce dernier nia toute relation incestueuse, de même que la jeune fille. Cette affirmation semble d'ailleurs être confirmée par l'examen de la sage-femme qui constata la grande étroitesse et la résistance de l'orifice vaginal paraissant indiquer l'absence de relations sexuelles normales. On a envisagé qu'il s'agissait d'un cas, unique dans les annales, de parthénogenèse naturelle. Dans ce cas, la jeune fille aurait bien eu des relations sexuelles avec le singe, mais le spermatozoïde n'aurait fait que stimuler l'ovule, lequel se serait développé sans apport paternel. Mais cette hypothèse doit être rejetée, car l'hermaphroditisme de l'anencéphale prouve indiscutablement qu'il y avait bien un double patrimoine génétique, hérité donc à la fois de la mère et du père. Le Dr Therre conclut donc que l'enfant monstrueux était bien le fruit d'une union entre la jeune fille et son singe. Il détailla ce cas exceptionnel dans un livre publié à compte d'auteur en 1933, *L'Anencéphale de type «simiesque» de la maternité de l'hôpital de Vichy* (cette histoire a aussi été rapportée dans le livre de P. Duvic, publié en 1973, *Monstres et monstruosités*).

On ne saura sans doute jamais si le Dr Therre avait raison ou non. D'autres cas d'êtres à la limite de l'homme et du singe sont d'ailleurs connus, sans que l'on sache la cause de ces malformations. Un des plus exceptionnels reste celui de Krao, une Laotienne qui fut l'une des vedettes du cirque Barnum. Son corps était couvert d'un pelage noir, elle pouvait projeter en avant ses lèvres, comme un chimpanzé... et, détail des plus curieux, elle avait des pieds préhensibles !

Quoi qu'il en soit, de telles hybridations sont désormais à la portée du génie génétique. À l'heure actuelle, les scientifiques, déçus de ne pas avoir obtenu d'hommes-singes par la voie directe ou par l'insémination artificielle, tentent de l'obtenir par fusion de cellules embryonnaires. C'est par cette méthode qu'a été créé le mouton-chèvre.

Les hommes sauvages de Hupp sont-ils en définitive des singes ou bien des humains archaïques ? Il est encore impossible de répondre, mais l'existence d'hommes reliques survivants de la Préhistoire reste d'actualité.

Un autre témoignage important est à retenir, car il émane de deux zoologistes.

À la fin de l'année 1968, Yvan Sanderson et Bernard Heuvelmans se rendirent dans la petite ville de Rollingstone, dans le Minnesota, afin d'y voir l'étrange trouvaille qui était exhibée dans le camion-roulotte d'un forain nommé Frank Hansen. Tout avait commencé le 9 décembre, quand Terry Cullen, un herpétologue (spécialiste des reptiles), avait téléphoné à Sanderson pour l'informer que Hansen promenait, de foire en foire, un « homme sauvage » enfermé dans un bloc de glace. Les deux zoologistes craignaient qu'il s'agisse, comme souvent, d'une simple mystification, ou d'un singe. Heuvelmans supposait que ce devait sans doute être un cynopithèque de Célèbes, c'est-à-dire un grand singe dépourvu de queue. Les deux scientifiques se rendirent toutefois sur place pour vérifier *de visu*. Ils arrivèrent le 17 décembre. Selon leur informateur, le bloc de glace et l'être qu'il contenait avaient été découverts flottant sur le Pacifique Nord, au large de la presqu'île sibérienne de Kamtchatka, par un chalutier russe, puis confisqués par les autorités chinoises et revendus, par la suite, comme marchandise de contrebande dans le port de Hong-Kong, où Hansen l'aurait acheté.

D'abord un peu réticent, Hansen accepta de leur montrer sa trouvaille, mais exigea que rien ne soit publié au sujet de son spécimen. Bien que trouvant les exigences du forain des plus curieuses, les deux hommes acceptèrent. Une fois dans la roulotte, Hansen alluma les tubes fluorescents placés à l'intérieur du cercueil de verre où reposait le bloc, et Sanderson et Heuvelmans découvrirent avec stupeur l'étrange cadavre dans la glace.

Il mesurait 1,80 m et était couvert de poils bruns. Son tronc avait une curieuse forme de barrique, ses bras étaient très longs, terminés par des mains d'une taille extraordinaire : 27 cm de long, sur 19 de large.

Il ne s'agissait manifestement pas d'un singe, et le spécimen semblait bien authentique. En fait, l'être avait toutes les caractéristiques du néanderthalien : tête allongée, front bas et arcades sourcilières épaisses, nez retroussé, les narines s'ouvrant largement vers l'avant, mâchoire inférieure arrondie et fuyante, grandes mains au pouce facilement opposable, larges pieds aux orteils crochus.

L'un des bras de l'être congelé était replié au-dessus de sa tête, et son visage était affreusement mutilé. Des traînées de sang couvraient sa tête, les orbites vides étaient pareillement sanglantes. Le bras gauche était cassé, comme le montrait nettement le cubitus visible par une grande plaie entre le coude et le poignet. Le pied droit était apparemment disloqué, lui aussi.

Mais le plus étonnant restait encore à venir : il était évident que certaines blessures avaient été faites… par des coups de feu ! Les marques d'impacts de balles étaient très nettes. Pourtant, tout semblait indiquer que le spécimen était bien authentique. Il devait donc être soumis à des examens scientifiques très rigoureux.

Tout d'abord, Hansen se montra coopératif, les autorisant à prendre des photos, et les laissa examiner le spécimen durant trois jours. Heuvelmans et Sanderson proposèrent alors de lui acheter sa trouvaille. Hansen refusa dans un premier temps, puis finit par accepter pour une somme rondelette. Mais, lorsque les deux zoologistes revinrent avec l'argent, qui avait été fourni par la Smithsonian Institution, l'homme et son macabre trophée avaient disparu.

À partir des clichés, des croquis et des observations, Heuvelmans et Sanderson démontrèrent que le curieux spécimen était bien authentique, et qu'il ne pouvait en aucune façon s'agir d'une supercherie. Un fait était déterminant dans cette analyse. On sait que seule une fange glacée saturée de végétaux décomposés peut préserver un organisme vivant de la putréfaction. Or, ici, il n'y avait que de la glace, laquelle présentait de nombreuses bulles d'air. Tout montrait qu'il ne s'agissait pas d'une relique, mais d'une créature moderne. Les bulles d'air indiquaient en outre que la congélation n'était pas naturelle mais bien artificielle. L'histoire du bloc flottant récupéré par un chalutier était donc fausse.

Ils donnèrent à la créature le nom d'*Homo pongoïdes*, « Homme pongoïde », l'homme à l'aspect de pongo, ce terme ayant successivement désigné le gorille et l'orang-outan, c'est-à-dire en fait « homme à l'aspect de singe anthropoïde » (Bernard Heuvelmans a raconté toute l'histoire en détail dans son livre *L'Homme de Néanderthal est toujours vivant*).

Restait évidemment un problème de taille : l'Homme pongoïde avait été tué par balles. Par qui ? Et où ?

Après que les deux scientifiques lui aient montré que son histoire de bloc flottant était fausse, Hansen avait prétendu, un moment, qu'il l'avait lui-même tué, et sur le territoire même des États-Unis. C'était très peu plausible. Le forain avait sans doute raconté ça pour se disculper, car, aux yeux de la loi américaine, ç'aurait été moins grave que de l'avoir introduit clandestinement. Le forain avait alors déclaré qu'il l'avait bien acheté en Chine, à la fin de l'année 1967, mais qu'il en ignorait l'origine. Heuvelmans trouva une réponse possible dans le numéro du 1er novembre 1966 du *World Journal Tribune*, qui rapportait que des soldats américains avaient tué, au Viêtnam, un « *énorme singe anthropoïde* ». Or, en principe, de tels singes n'existent pas dans ces régions.

La disparition de Hansen et de son spécimen interdit d'autres études plus poussées. Le forain réapparut un temps, lorsque l'affaire s'ébruita, et prétendit qu'il s'agissait d'un canular à base de poupée de latex. Il suffit pourtant de voir les photos pour se rendre compte, sans doute possible, qu'il s'agit bien d'un corps et non d'une poupée, la technologie de l'époque étant bien incapable de produire une telle illusion. Manifestement, Hansen ne voulait pas attirer l'attention. Quoi qu'il en soit, aucune autre analyse n'a pu être effectuée, et les sceptiques eurent beau jeu d'affirmer que Sanderson et Heuvelmans s'étaient trompés ; pourtant, ce dernier continue d'affirmer que le spécimen était authentique et qu'il pourrait s'agir d'un Néanderthalien survivant (et Sanderson soutint la même chose jusqu'à sa mort).

L'hypothèse de la survivance de l'Homme de Néanderthal fut émise par le professeur Boris D. Porchnev en 1963. Il se basa sur des données multiples. Il rapporta ainsi, entre autres, l'incroyable histoire de Zana, femelle néanderthalienne du Caucase, qui fut capturée au début du XXe siècle. Offerte au prince Edghi Ghénaba, qui l'apprivoisa, elle lui aurait donné quatre enfants. Tous eurent également des descendants, auxquels l'historien russe rendit visite en 1964. Zana fut décrite comme massive et trapue, velue, ayant une force extraordinaire, des seins disproportionnés et un fessier relevé. Elle ne parlait pas, resta à l'état sauvage, déchirant les vêtements dont on voulait la couvrir, et grimpant fréquemment aux arbres pour y cueillir des fruits. Si l'histoire est vraie, il est bien évident qu'il ne pouvait s'agir d'un singe, puisque des enfants viables et sains seraient nés de cette union hors du commun, qui eux-mêmes eurent une descendance. Mais s'agissait-il bien d'une néanderthalienne pour autant ? Un autre cas mentionne une femelle néanderthalienne, ou supposée telle, qui aurait été capturée et réduite en esclavage par un fromager caucasien dans les années 1950.

Le mystère des « hommes sauvages » est répandu dans toute l'Asie, du Caucase au Viêtnam. Couverts d'un pelage brun-roux, ils ont des jambes courtes et de longs bras, le crâne allongé, les arcades sourcilières proéminentes, les pommettes saillantes et le nez écrasé. Dès 1914, un zoologiste russe, V. A. Khaklov, avait rédigé un rapport sur ces êtres étranges, mais il fut considéré comme sans intérêt.

En 1957, un glaciologue russe, A G. Pronine, aurait vu un de ces hommes velus au Pamir, dans la vallée de Baliand-Kyik.

Les textes anciens évoquent également des « hommes velus ». Ainsi, Plutarque, racontant la vie de Sylla, rapporte un étrange épisode. Près de Dyrrachium, en Albanie, en l'an 84 de notre ère, les légionnaires de Sylla ramenèrent au camp un homme sauvage qu'ils croyaient être un des satyres de la mythologie. Ils l'avaient trouvé endormi dans une grotte. « *On l'amena à Sylla, qui lui fit demander par plusieurs interprètes qui il était. Sans rien répondre d'intelligible, il fit entendre à grand-peine une voix rude, à peu près intermédiaire entre le hennissement du cheval et le bêlement du bouc.* » Comme on n'en pouvait rien tirer, l'étrange homme sauvage fut renvoyé dans ses montagnes.

Dans son *Otia Imperialia* (début du XIIIᵉ siècle), Gervais de Tilbury évoque de curieuses créatures qui auraient vécu près de la mer Rouge. « *Vers ces mêmes lieux, il y a d'horribles femmes qui ont une barbe jusqu'aux seins. Elles ont la tête plate, sont vêtues de peaux et pratiquent la chasse ; en guise de chiens de chasse, elles élèvent des bêtes qui ressemblent à des léopards.* » Il évoque également, dans la même région, des femmes sauvages, velues, à la longue chevelure et aux canines impressionnantes.

En Europe occidentale même, certains indices tendent à indiquer que des « hommes velus » auraient vécu à la période historique, particulièrement dans les Pyrénées. Nombreuses sont en effet les traditions populaires relatives à des « hommes sauvages ». Les traditions du Moyen Âge ont colporté la trace d'un homme sauvage et hirsute, considéré symboliquement comme l'antithèse du chevalier. Cette tradition était encore vivace au XVIIIᵉ siècle. Se déguiser en homme sauvage était alors une farce courante. Au siècle des Lumières, il était encore fréquent de voir des spectacles de rue, mettant en scène un homme et une femme déguisés en « hommes sauvages », en train de s'accoupler dans une grande cage en bois (la pornographie publique était alors encore fréquente dans les quartiers populaires des grandes villes).

Depuis longtemps, l'ésotérisme s'est emparé de l'image archétypale de l'homme sauvage, et nombreuses furent autrefois les auberges initiatiques (lieux de réunion de confréries ésotériques) à l'enseigne de «l'homme sauvage». S'agissait-il de simple symbolique, ou bien de la survivance d'hommes reliques dans les contrées reculées d'une France possédant encore des recoins sauvages et quasi inexplorés? Et le mythe des hommes-bêtes et des loups-garous n'aurait-il pas une semblable origine?

Certaines œuvres d'art sont aussi très troublantes. Ainsi, une sculpture du portail de l'église de Semur-en-Auxois (Côte d'Or) représente un homme accompagné d'un homme velu, et il semble bien qu'il s'agisse d'un montreur, non d'ours, mais bien d'homme velu. Nous pouvons également citer une étonnante peinture rupestre bochimane, découverte à Goedgegeven, dans l'État libre d'Orange, en Afrique du Sud (d'où provient aussi la peinture semblant représenter un félin à dents de sabre mentionnée plus haut). On peut y voir un combat entre des hommes armés d'arcs et de lances, et des êtres beaucoup plus massifs, et velus, qui n'ont que des pierres pour se battre. Ne pourrait-il pas s'agir d'australopithèques survivants?

Revenons au présent pour parler de l'Almasty du Caucase, que nous avons brièvement évoqué plus haut. Il s'agit d'un être généralement de grande taille (1,80 m à 2,20 m), pourvu d'un pelage long (une quinzaine de centimètres). Sa peau est sombre, et il a de longs cheveux.

L'Almasty du Caucase.

Son apparence générale est assez humaine, mais archaïque : le dos est plutôt voûté, les bras sont très longs, les jambes assez courtes ; le front est étroit et fuyant, le crâne petit et ovale, le nez est assez large et aplati, les dents sont grosses et la mâchoire puissante. Les yeux, bridés, ont une coloration rougeâtre. La tête est enfoncée dans les épaules et le cou est à peine visible. Chez les femelles, les mamelles sont longues et pendantes. L'Almasty opte le plus souvent pour la station verticale, mais on l'a vu courir à quatre pattes. Il a également la caractéristique d'exhaler une odeur très forte et nauséabonde.

Pour l'essentiel, nos connaissances de l'Almasty proviennent des recherches du Dr Marie-Jeanne Koffmann, chirurgien des hôpitaux de Moscou, capitaine dans l'armée russe, et présidente de l'Association cryptozoologique russe. Elle recueillit plus de 500 témoignages de première main. Son travail est d'autant plus important qu'elle a toujours cherché, dans la mesure du possible, à retrouver la source des témoignages, ce qui lui permit de supprimer certains rajouts postérieurs. L'Almasty était connu depuis longtemps dans la région, mais ce n'est que depuis les années 1950 que l'affaire commença à être connue. En 1956, la presse soviétique se fit l'écho des expéditions occidentales pour trouver le Yéti. Les autorités russes reçurent alors de nombreux courriers évoquant l'existence d'un «homme sauvage» vivant dans le Caucase. Un seul scientifique daigna alors s'intéresser au sujet, le Pr Porchnev. C'est à cette même époque que le Dr Koffmann s'intéressa à son tour à cette affaire, qu'elle prit tout d'abord pour un canular. Elle décida de se rendre sur place pour enquêter et démentir la légende. Ce qu'elle n'avait pas prévu, c'est que les éléments recueillis allaient la convaincre de l'existence de l'Almasty, et qu'elle passerait trente ans à tenter de le trouver. Malgré de nombreuses expéditions, le Dr Koffmann n'eut jamais la chance de rencontrer l'Almasty, mais elle découvrit de nombreux indices parlant en faveur de son existence : empreintes, restes de repas, litières aménagées sous des abris rocheux, huttes tressées avec de hautes herbes…

L'Almasty est d'autant plus difficile à trouver qu'il est nomade, et ne cesse de se déplacer. Il est, en outre, devenu nocturne, ce qui est un cas unique chez les grands primates. Pour le Dr Koffmann, c'est « *l'Almasty lui-même qui décidera à sa guise de se laisser apercevoir, et seulement s'il est sûr de sa sécurité. En fait, nous avons affaire à une espèce prudente, intelligente, menant une existence nocturne, surpassant incommensurablement le chercheur quant à ses capacités de détection, et possédant toutes les qualités physiques et intellectuelles nécessaires pour échapper à l'observation. Autrement dit, il faut chercher une aiguille non pas dans une botte de foin, mais une aiguille errant d'une botte de foin à l'autre, les bottes correspondant en l'occurrence à des milliers de kilomètres carrés de forêts et de rochers*».

L'identité de l'Almasty reste encore un mystère qui ne sera peut-être jamais résolu, dans la mesure où il semble être en voie d'extinction. L'Almasty paraît tenir à la fois de l'homme et du singe. S'agit-il d'un grand primate inconnu, ou d'un descendant de l'homme de Néanderthal, comme le suggèrent certaines de ces caractéristiques? Marie-Jeanne Koffmann ne s'est pas aventurée à trancher. Le célèbre paléontologue Yves Coppens, qui a cautionné les recherches du Dr Koffmann, paraît, lui, opter plutôt pour un grand singe que pour un homme archaïque. Il avance que l'Almasty n'a apparemment pas l'industrie que possédait l'homme de Néanderthal (silex taillés, grattoirs, etc.). Ce trait se retrouve d'ailleurs aussi avec d'autres « hommes sauvages », que l'on identifie parfois, peut-être un peu vite, à des néanderthaliens survivants, et qui semblent ignorer les outils. On ne saurait toutefois passer sous silence certaines ressemblances physiques, notamment pour l'Almasty, qui ressemblerait bien davantage à un homme relique qu'à un singe. Peut-être faut-il envisager, comme l'a fait le zoologiste Jean-Jacques Barloy, qu'il y ait pu avoir une décadence culturelle, peut-être due à l'isolement ?

Le dossier des hommes préhistoriques survivants n'est pas clos, loin s'en faut, mais des équipes scientifiques se sont lancées sur leurs traces, et l'avenir nous apportera peut-être les preuves qui nous manquent. Pour l'heure, nous ne pouvons considérer cette survivance que comme une hypothèse très plausible, accréditée par un certain nombre de preuves indirectes.

2. LE YÉTI

Le fameux Yéti a été connu en Occident surtout à partir des années 1950, à l'époque où des expéditions de plus en plus nombreuses se lancèrent dans l'aventure himalayenne. L'année 1951 marqua sans doute la véritable entrée en scène du Yéti dans le monde occidental, via la presse, lorsque des clichés furent rendus publics. Le 8 novembre de cette année, les alpinistes anglais Éric Shipton et Richard Ward revenaient d'une expédition de reconnaissance dans le massif de l'Everest. Alors qu'ils exploraient les pentes sud-ouest du glacier Menlung, ils remarquèrent de curieuses empreintes dans la neige : des traces de pied de très grande taille conduisant le long d'une masse glaciaire. Shipton prit quelques clichés des empreintes longues de plus de 30 cm, et bien plus larges qu'une grosse botte. Les traces suggéraient que l'on avait affaire à une créature devant mesurer dans les 2,40 m, et sans doute très agile. « *Lorsque la trace arrivait à une crevasse, on voyait nettement où la créature avait sauté et comment elle s'était servie de ses orteils pour reprendre son aplomb dans la neige de l'autre côté.* »

La créature était bien connue des populations locales sous divers noms : *Mehteh Kang-Mi, Bhanjakris, Migu, Mirka, Ui-go* ou encore *Yeh-Teh*. La presse occidentale l'affubla d'un surnom ridicule : Abominable Homme des Neiges. L'origine de ce sobriquet remonte en fait à l'année 1920. Au cours d'une expédition de reconnaissance au col de Lapkha-La, à proximité de la face nord de l'Everest, le lieutenant-colonel C. K. Howard Bury remarqua au loin des silhouettes qui se déplaçaient. Une fois sur place, il découvrit de grandes empreintes de pieds dans la neige. Interrogés à ce sujet, les sherpas expliquèrent à Burry que c'étaient les traces de créatures appelées *Mehteh Kang-Mi*.

D'après Ivan Sanderson, « *Mehteh* » signifierait approximativement « créature sauvage ressemblant à un homme », et « *Kang-Mi* », mélange de dialecte chinois et népalais, signifierait « créature de la neige ». Mehteh Kang-Mi aurait donc pour sens : « créature sauvage de la neige ressemblant à un homme ». Seulement, Burry comprit mal et entendit « *Metoh-Kangmi* », et c'est sous cette forme qu'il transmit l'information par télégramme. À Londres, l'opérateur transcrivit le message en y rajoutant une faute, notant « *Meteh-Kangmi* ». Henry Newman, chargé de la traduction, qualifia ainsi le Yéti d'« abominable homme des neiges », signification erronée qui fut malheureusement reprise et amplifiée par la presse. Ce surnom ridicule est triplement faux, puisqu'il ne s'agit manifestement pas d'un homme, il ne vit pas dans la neige (comment se nourrirait-il ?), et serait plus craintif qu'abominable. Le mot « Yéti » lui-même vient de *Yeh-Teh*, qui signifie « le grand redoutable » (il est un croquemitaine local devant effrayer les enfants désobéissants). On l'appelle aussi *Mi-Teh* (« homme-fauve ») en sherpa-ka, et *Mi-Gheu* ou *Mi-Go* (« homme sauvage ») en tibétain.

Portrait composite du Yéti,
selon les témoignages.

L'affaire du Yéti n'est d'ailleurs pas nouvelle, puisque dès 1889, un Anglais, le major L. A. Waddell, rapportait dans son livre de souvenirs, *Among the Himalayas*, la découverte d'empreintes de pieds, bien plus grands que des pieds humains, dans une région isolée du nord-est du Sikkim. En 1902, un rapport officiel relatait la rencontre de soldats avec une créature plus ou moins anthropomorphe, couverte d'une fourrure sombre.

Il y a en fait deux types de Yétis. Le petit, de la taille d'un adolescent, a un pelage roux et un crâne dont le sommet a la forme caractéristique d'un pain de sucre. Il est généralement bipède, mais court à quatre pattes. Ce détail, associé au fait qu'il découvre ses redoutables crocs quand il se sent menacé, montre qu'il s'agit probablement d'un grand singe anthropoïde. Ses empreintes indiquent qu'il ne possède, curieusement, que quatre orteils. Le grand Yéti avoisine les 3 m de haut, il possède une sorte de crinière blonde qui tombe sur ses épaules. Il a, au bas du dos, un moignon de queue. C'est un bipède permanent, dont le pied est humain, au gros orteil non opposable.

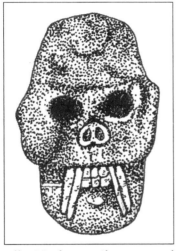

Le Yéti, d'après un masque tibétain en papier mâché.

On l'appelle *Nyalmo*, et il est répandu du Myanmar (ancienne Birmanie) jusqu'à la Malaisie péninsulaire (où il est connu sous le nom de *Jarang-Gigi*, « dents espacées »), ainsi qu'en Chine, dans les monts Shen'nonggia, et dans l'ancienne Indochine (notons que l'on trouve d'autres « hommes-singes » : le *Tok*, aux confins de la Birmanie, du Laos et de la Thaïlande, l'*Orang-dalam* en Malaisie, ou encore l'*Orang-gadang* à Sumatra).

Le grand Yéti serait un gigantopithèque survivant. Ce singe géant de la famille des Pongides, de l'époque du Pléistocène inférieur, est supposé disparu, depuis environ 500 000 ans, après avoir été éliminé par nos lointains ancêtres pithécanthropes, beaucoup plus petits mais bien plus agressifs. Pourtant, des restes ont été découverts associés à ceux du panda géant, de l'ours de Malaisie, du rhinocéros de Sumatra et de l'orang-outan, qui existent toujours. La survivance du gigantopithèque est donc certaine au moins jusqu'à une époque récente. Bernard Heuvelmans penche pour cette hypothèse, de même que le zoologiste W. Tschernezsky, du *Queen Mary College* de Londres, qui, étudiant les moulages réalisés à partir d'empreintes, conclut qu'elles appartenaient à « *un très gros primate bipède, probablement au Gigantopithecus fossile* ».

Yéti, d'après une peinture murale de la lamaserie de Thyangboché.

Notons que Boris Porchnev envisageait qu'il ait pu s'agir d'hommes de Néanderthal survivants, qui auraient été chassés d'Europe il y a 40 000 ans par les hommes de Cro-Magnon. Cette hypothèse pourrait expliquer le témoignage curieux de Hugh Knight qui, vers 1940, aurait vu un « homme-singe » de très grande taille, tenant dans ses mains un arc et des flèches. Toutefois, l'affaire n'est pas résolue et le mystère demeure. La seule certitude est que le Yéti paraît bel et bien exister, même si l'analyse des « scalps » prétendus de Yéti, ou celle de poils, n'a rien apporté de nouveau, sinon qu'il s'agissait de supercheries.

3. BIGFOOT

Les légendes relatives à une grande créature humanoïde couverte de poils sont très nombreuses en Amérique du Nord, tant aux USA qu'au Canada. Les Amérindiens avaient de nombreux noms pour ces êtres mystérieux, mais la postérité a surtout gardé celui de *Sasquatch*, « géant velu des bois ». La première mention « historique » de celui que les Américains modernes ont surnommé *Bigfoot* (« grand pied ») remonte à l'an 986, lorsqu'une expédition scandinave arriva sur le continent américain. Leur chef, Leif Ericson, nota leur rencontre avec une créature géante, couverte de poils, et dont le visage terrible était percé de grands yeux noirs. Bigfoot n'est en rien un « phénomène » moderne. Les Amérindiens le connaissaient bien avant l'arrivée des Européens, et les traditions contiennent de nombreuses références à cet être énigmatique. Il n'est pas inutile de faire un rapide tour d'horizon de ces « légendes », pour bien montrer que Bigfoot n'a rien d'artificiel, comme semblent le croire certains esprits chagrins.

Ces traditions s'étendent sur un territoire très vaste : dans le nord de la côte est, sur pratiquement toute la côte ouest, et au nord, du Canada au Groënland. Les noms donnés à ces créatures sont variables d'un peuple à l'autre, mais leur description est quasiment immuable : des êtres humanoïdes, de très grande taille, couverts de poils, à la marche bipède, et au caractère craintif et farouche.

Franz Boas, dans son livre *L'Inuit du centre*[1] a rapporté les histoires à propos des *Tornit*. « *Dans les temps anciens, les Inuits n'étaient pas les uniques habitants du pays où ils vivent à présent. Un autre peuple partageait leurs territoires de chasse. Les Tornit étaient assez semblables à eux, mais ils étaient beaucoup plus grands, ils avaient de très longs bras et de très grandes jambes. Ils avaient presque tous les yeux troubles. Ils étaient très forts et étaient capables de soulever de gros rochers, qui étaient bien trop lourds pour les Inuits. Les Tornit ne faisaient ni arcs ni kayaks ; ils ne nettoyaient pas les peaux de phoque aussi bien que les Inuits, et y laissaient de la graisse. Leur façon de préparer la viande était écœurante, car ils la laissaient pourrir et la plaçaient entre leurs cuisses et leur ventre pour la réchauffer.* »

La tradition rapporte que, malgré leur culture primitive, les Tornit construisaient des maisons de pierre au toit porté par des côtes de baleine. Dans un autre texte[2], Boas écrit que les Tornit sont, sans doute, les Amérindiens

---

1. Nebraska Press, University of Nebraska, Lincoln, 1964.
2. « Traditions of the Ts'ets'a ut », *Journal of American Folklore* n° 10, 1897.

appelés *Adla* ou *Equigdleg* («à moitié chiens»), mais on peut toutefois en douter, tant les récits concernant des êtres similaires sont répandus.

Pour sa part, Alfred L. Kroeber, dans un article intitulé «*Contes de Inuits du détroit de Smith*»[3], a rapporté des histoires de Tornit de cette région, et mentionné qu'on les retrouve presque à l'identique chez les Inuits du Groënland. Il évoque également au passage une autre créature semblable aux Tornit, le *Tutuatin*. Dans le nord de la terre de Baffin, on parle des *Toonijuk*. Katherine Sherman[4] écrit à leur propos: «*Les Toonijuk n'étaient pas dangereux; bien au contraire, ils étaient farouches et craignaient beaucoup les chiens, ils étaient en outre stupides et lents. Les Inuits du Pond Inlet disent que ces grandes créatures n'attaquèrent jamais les Inuits, mais qu'elles se battirent entre elles jusqu'à ce qu'elles se fussent entre-tuées. Cependant, d'autres tribus inuites prétendent avoir suivi ces géants stupides à la trace et les avoir tués les uns après les autres, comme du gibier.*»

Pierre Berton[5] mentionne plusieurs de ces êtres velus: «*Les Manhoni qui errent à travers le pays de la Peel River, dans le Yukon du Nord, sont d'énormes géants velus aux yeux rouges, qui mangent de la chair humaine et dévorent des bouleaux entiers d'une seule bouchée. Les Sasquatch prédateurs des cavernes de la montagne de Colombie britannique ont une taille d'environ 2,50 m, et sont couverts d'un pelage laineux noir de la tête aux pieds. Il y en a d'autres, tous apparentés à ceux-ci: le terrible Homme-des-Broussailles des Loucheaux du Mackensie supérieur, avec sa face noire et ses yeux jaunes, qui attaque les femmes et les enfants; le Weetigo des Toundras, cet horrible cannibale nu, au visage noirci par la gelure, ses lèvres rongées découvrant des dents longues comme des crocs.*» Il cite aussi les Hommes-Montagnes des Nahanni, géants chasseurs de têtes, ou encore ces êtres que les Dogrib du Grand Lac de l'Esclave appellent «*l'Ennemi*». Il leur évoquait une telle frayeur que les Dogrib habitaient toujours sur des îles, loin de la rive où rôdait l'Ennemi. Chez les Micmac et les Abnaki du Nouveau-Brunswick et de la Nouvelle-Écosse, ces êtres géants sont appelés *Gugwes*, *Chenoo* ou *Djenu*[6]. Chez les Penobscot du Maine, on parle du *Kiwakwe*[7] et des *Strendu* chez les Hurons et les Wyandot, ou encore des *Géants de Pierre* chez les Iroquois.

3. *Journal of American Folklore* n° 12, 1899.
4. *Spring on An Arctic Island*, Little, Brown & Co., Boston, 1956.
5. *The Mysterious North*, Alfred A. Knopf, New York, 1956.
6. Elsie Clews Parsons, «Tales of the Micmac», *Journal of American Folklore* n° 38, 1925.
7. Frank G. Speck, «Tales of the Penobscot», *Journal of American Folklore* n° 48, 1935.

Sous des noms différents, les descriptions sont toujours les mêmes (si l'on excepte quelques particularismes mythiques). Hartley Burr Alexander[8] écrit : « *Les Géants de Pierre des Iroquois, de même que leurs équivalents ches les Algonkins (par exemple les «Chenoo» des Abnaki et des Micmacs), font partie d'un groupe d'êtres mythiques très répandu, dont les "Tornit" des Inuits sont un exemple. Ils sont [...] d'une taille colossale, ne connaissent pas l'arc, se servant de simples pierres comme armes. Ils se battent les uns contre les autres en de terribles luttes, arrachant les plus grands arbres pour s'en faire des massues [...]* »

Identiques sont encore les *Windigo, Witiko, Wendigo* ou encore *Wittiko, Kokotshe, Atshen, Acten* des Algonkins, Montagnais et Têtes-de-Boule (Cree)[9]. Le révérend J. E. Guinard notait que le Witiko ne portait jamais de vêtements. « *Il allait nu, été comme hiver, et n'avait jamais froid. Sa peau était noire comme celle d'un nègre. Il avait pour habitude de se gratter en se frottant contre les sapins et autres conifères résineux. Quand il était ainsi couvert de résine et de gomme, il se roulait dans le sable, et on aurait ainsi pu penser, au bout d'un certain temps de cette pratique, qu'il était fait de pierre.* » Une habitude similaire était attribuée au Chenoo des Passamaquoddy et aux Géants de Pierre des Iroquois. Cela est sans doute aussi le cas des *Dzoavits* («Géants de Pierre») des Shoshoni. Les récits concernant ces êtres géants et velus sont particulièrement marqués en Colombie britannique. La tradition des Kaska contient de nombreuses références à des hommes géants au pelage rude et épais[10]. Chez les Carrier, on évoque des êtres de très grande taille possédant un visage humain, couverts de longs poils, et laissant d'énormes empreintes dans la neige[11]. Chez les Sinkoyne, on évoque des hommes ressemblant à des ours. Chez les Lillooet, on parle des *Hailo Laux* ou *Haitlo Laux*, des géants velus à la longue chevelure, au pelage noir, brun ou roux[12]. D'autres traditions évoquent des êtres similaires, mais de plus petite taille. Ainsi, les Ojibwa du Minnesota ont les *Memegwicio*, ou hommes des terres désertiques, décrits comme des hommes velus

---

8. Dans le volume X, «Amérique du Nord», de *The Mythology*, de L. H. Gray, Cooper Square Publications, New York, 1964.

9. Voir les articles de Joseph E. Guinard et de John M. Cooper, respectivement dans *Primitive Man* n° 3, 1930, et *Primitive Man* n° 6, 1933. Voir aussi, de Frank G. Speck, *Naskapi*, University of Oklahoma, 1935.

10. James Teit, «Tales of the Kaska», *Journal of American Folklore* n° 30, 1917.

11. Diamond Jenness, «Myths of the Carrier Indians of British Columbia», *Journal of American Folklore* n° 47, 1934.

12. James Teit, «Traditions of the Lillooet Indians of British Columbia», *Journal of American Folklore* n° 25, 1912.

et sauvages, de la taille d'un enfant de 10 ou 12 ans, au visage couvert de poils[13]. Chez les Ojibwa Timigami, les *Memegwesi* sont de petits êtres velus qui vivent sur les hautes corniches rocheuses escarpées. Pour leur part, les Cree de la baie James connaissent le *Memegwecio*, un petit être velu ressemblant à un homme.

On pourrait objecter que ce sont là des légendes, mais ce serait oublier que les légendes ont très souvent un fond de vérité. Que de si nombreuses traditions se référant à des êtres identiques ou presque, réparties sur un si vaste territoire, relèvent uniquement de la légende, voilà qui est tout de même un peu difficile à accepter. Les traditions tendraient plutôt à conforter les témoignages plus récents de rencontre avec Bigfoot, et inversement. Il faut également considérer que ces êtres ne sont pas décrits comme des « esprits » ou des entités surnaturelles dotées de pouvoirs magiques, et non plus comme des animaux, mais bien comme des hommes sauvages, des tribus arriérées. On remarquera d'autre part que si, pour les Inuits, ces êtres appartiennent à un lointain passé, les Amérindiens des USA et du Canada les considèrent, ou les considéraient il y a encore peu de temps, comme des contemporains. Au milieu du XIXe siècle, Bernard R. Ross notait chez les autochtones la peur d'« ennemis », et rapportait : « *À plusieurs reprises, simplement en sifflant, caché dans des buissons, j'ai fait accourir en foule dans le fort, pour s'y réfugier la nuit, tous les Indiens qui campaient à proximité.* »[14] Un siècle plus tard, James W. van Stone révélait la croyance toujours persistante, chez les Chipewa de la réserve de Snowdrift, sur le Grand Lac de l'Esclave (non loin de l'ancien Fort Resolution mentionné par Ross), aux *Hommes des Broussailles*. Si ces créatures, là encore des géants velus, étaient en théorie devenues des croquemitaines pour effrayer les enfants, van Stone put cependant constater que les adultes croyaient, eux aussi, en leur existence, et certains lui rapportèrent des rencontres avec des Hommes des Broussailles[15].

On dit souvent que Bigfoot n'a commencé à faire parler de lui qu'à partir des années 1960. En réalité, c'est à cette époque que la presse s'est vraiment emparée de ce « phénomène », mais cela n'empêche qu'il y eut des cas de rencontre bien avant. Pour la période moderne, les premiers cas recensés remontent aux années 1830. Si les observations modernes sont

---

13. Sir Bernard Coleman, « The Religion of the Ojibwa of North Minnesota », *Primitive Man* n° 10, 1937.

14. Rapport annuel au Conseil des Régents, Smithsonian Institution, 1866, Washington D.C., 1872.

15. Bulletin 209 du Musée National du Canada, Ottawa, 1965.

nombreuses, la plupart sont aussi très imprécises, et les descriptions sont toutes assez similaires. Il serait fastidieux et inutile de rapporter ici beaucoup de cas, aussi nous contenterons-nous de rappeler quelques rencontres, afin de présenter plus précisément Bigfoot-Sasquatch. Commençons par ce qui est un des plus anciens cas de la période récente. En 1851, deux chasseurs de Greene Country, dans l'Arkansas, croisèrent un troupeau de bétail pourchassé par une créature humanoïde, de très grande taille, « *le corps entièrement velu et de grandes mèches de cheveux qui lui couvraient les épaules, comme une crinière*». Apercevant les deux hommes, l'être s'arrêta et les observa un moment avec curiosité, avant de s'enfuir.

Passons, à présent, en Californie, près d'Oroville, le 12 août 1969. En cette chaude soirée, vers 21 h 30, Charles Jackson et son jeune fils se trouvaient dans la cour de la ferme. Tout à coup, un bruit retentit derrière eux. Ils se retournèrent et virent, à quelques mètres, un « *grand singe, mais à l'aspect humain*». La créature mesurait environ 2,50 m de hauteur, et il s'agissait apparemment d'une femelle, à en juger par ses mamelles pendantes. Son pelage était gris lustré, avec l'extrémité des poils de couleur plus claire. Par contre, la face était à peu près nue, et la peau sombre, presque noire. La créature était très musclée et sa carrure atteignait environ 1 m. Jackson nota encore que la paume des mains était d'une couleur claire. L'être paraissait aussi surpris que les témoins par cette rencontre. Bien que la créature parût pacifique, Jackson prit peur, sans doute à cause de la réaction de ses trois chiens, habituellement plutôt agressifs, qui s'enfuirent et allèrent se cacher dans la maison. L'homme entraîna son fils vers la ferme, puis il entassa tout le monde dans la voiture et alla prévenir le shérif. Lorsque la police arriva sur les lieux, le lendemain matin, elle ne trouva aucune trace, mais cela n'avait rien d'étonnant car le sol était très sec.

Le surnom de « Bigfoot » a été forgé en octobre 1958, à la suite d'un article publié dans le *Humboldt Times*. Le 27 août précédent, Jerry Crew, un ouvrier qui travaillait au percement d'une route à travers une forêt située sur la réserve des Amérindiens Hoopa, avait découvert des traces de pas longues de 40 cm et larges de 17 cm. Pensant qu'il s'agissait des traces d'un animal inconnu, Crew s'empressa de faire un moulage, et prit des photos des empreintes, qu'il revendit au journal local. C'est ainsi que l'on surnomma la créature énigmatique « Bigfoot », c'est-à-dire « grand pied ».

Hormis les nombreux témoignages, on possède également un certain nombre de moulages d'empreintes, longues généralement de 30 à 40 cm. Le Pr Grover S. Krantz, anthropologue, de l'université de l'État de Washington, a étudié des empreintes et en a tiré quelques renseignements. Le poids de la créature pourrait atteindre 250 à 300 kg. Sur certaines traces particulièrement nettes, les empreintes digitales étaient visibles, et étaient celles d'un primate supérieur. On y voyait également les ouvertures des glandes sudoripares.

Il y a aussi des photographies, le plus souvent floues ou procédant d'un trucage grossier. Il y a toutefois une série de clichés montrant un Bigfoot dans un torrent, près de Snow Mountain, en Californie du Nord. Elles ont été examinées par un anthropologue, le Dr Warren Cook, qui déclara : « *Elles donnent une grande impression de naturel et de non-humanité. Elles évoquent un anthropomorphe. La façon dont celui-ci chasse l'eau de son pelage ne pourrait pas, à ce que je crois, être imitée par un être humain.* »

Il y a aussi un film célèbre, qui fut tourné le 20 octobre 1967. Roger Patterson se trouvait à Bluff Creek (là où Jerry Crew, neuf ans plus tôt, avait trouvé des empreintes), à la recherche de Bigfoot. Alors qu'il circulait à cheval, il vit soudain un Sasquatch accroupi au bord de la rivière. Il s'agissait manifestement d'une femelle. Patterson prit sa caméra 16 mm et sauta au sol, commençant à filmer tout en se rapprochant. Peu après, la créature s'enfuit et disparut en s'enfonçant dans la végétation. Patterson put tout de même obtenir un film de 2 minutes, au total 952 vues en couleurs, très nettes.

Le film est-il authentique ? Difficile à dire. Beaucoup le considèrent comme une mystification, et il est vrai qu'il n'est pas vraiment convaincant, tant on a la désagréable impression de voir un humain portant un costume de gorille et s'efforçant d'imiter le comportement et les mouvements d'un singe, avec cette façon de courir bras ballants. Bernard Heuvelmans opte pour un canular et écrit : « *Le Bigfoot y apparaît... vêtu d'une combinaison de Nylon, à apparence de petit Yéti femelle. Elle comporte des traits anatomiques impossibles : ses mamelles sont couvertes de fourrure jusque sur les mamelons, ce qui les rend inutilisables, et la plante de ses pieds est parfaitement lisse. Au surplus, cet être se comporte d'une manière particulièrement aberrante : quand il est censé remarquer la présence de l'individu qui le filme, il ne se fige pas sur place, n'attaque ni ne fuit, mais poursuit imperturbablement sa marche en balançant les bras.* »

Il faut toutefois reconnaître que les avis sont partagés, et certains jugent le film authentique. Ivan Sanderson jugeait le film valable. Même son de cloche chez le Dr John Napier, du programme de zoologie des primates de la *Smithsonian Institution* de Washington, qui déclara n'avoir « *rien observé sur le plan scientifique, qui indiquerait une supercherie* ». De même, D. W. Grieve, maître de conférences en biomécanique du *Royal Free Hospital* de

Londres, et les savants russes Bayanev et Donskoy optèrent pour l'authenticité du film. Un autre spécialiste soviétique, Igor Bourtsev, se servant comme référence des éléments du décor, tira quelques conclusions sur la créature : celle-ci mesurait environ 2,50 m, pour un poids estimé à 220 kg. Les épaules avaient une largeur avoisinant les 70 cm, la tête, du sommet du crâne au menton, devait mesurer un peu plus de 30 cm. Le thorax faisait environ 85-90 cm, et les bras avaient une longueur de 90 cm environ. Pour sa part, le Dr Donskoy, professeur de biomécanique à l'Institut de culture physique de Moscou, considéra que la façon de bouger de la créature, le mouvement des bras, la façon de courir et de poser les pieds sur le sol, ne pouvaient pas être attribués à un être humain, même si celui-ci avait cherché à imiter un comportement animal. Il faut également mentionner qu'en 1970, John Green montra le film à des experts en trucages de la société Walt Disney, lesquels déclarèrent qu'il n'était pas alors possible de fabriquer un tel costume. Cela encouragea Patterson à repartir en expédition, mais il mourut deux ans plus tard, emportant avec lui le secret de l'authenticité de son film.

Il n'existe aucune preuve irréfutable de l'existence de Bigfoot, mais nous possédons par contre quelques éléments très troublants, hormis les empreintes elles-mêmes. En 1965, près des Minaret Mountains, en Californie, le Dr Robert W. Denton découvrit fortuitement un très curieux crâne dans un terrain marécageux. Ce crâne serait celui d'un primate supérieur différent de l'être humain. Était-ce celui d'un Sasquatch ? Nous n'en savons malheureusement pas plus car ce crâne semble avoir été égaré parmi les nombreuses collections de l'Université de Californie. Il y a aussi des excréments attribués à Bigfoot, dont l'examen a montré qu'ils contenaient des restes de plantes aquatiques et des œufs de parasites. Citons encore des poils et un peu de sang. L'étude des poils a donné des résultats en demi-teinte. Ceux trouvés à French Creek, dans l'Idaho, ont été confiés au Pr Ray Pinker, du *California State College*, qui ne put les identifier, et qui conclut qu'ils n'étaient ni tout à fait animaux, ni tout à fait humains. Les poils recueillis à la *Lummi Indian Reservation*, dans l'État de Washington, furent analysés par Tom Moore, qui conclut qu'ils n'appartenaient à aucune des espèces dont les poils avaient pu leur être comparés, mais qu'ils se rapprochaient un peu de ceux du gorille. Le sang trouvé lors de la même occasion, étudié par le Dr Vincent Sarich, de l'Université de Californie, s'avéra être celui d'un primate, sans plus de précision. Ces éléments semblent bien montrer que l'on a affaire à un primate inconnu. Au total, Bigfoot serait donc un primate supérieur, montagnard et omnivore. Les cryptozoologistes pensent qu'il s'agirait d'un descendant de gigantopithèques venus d'Asie par le même chemin que les hommes, c'est-à-dire en empruntant le détroit de Behring. Comme nous l'avons dit, ce singe géant de la famille des Pongides, qui disparut au Pléistocène, et dont les ossements ont été retrouvés en Chine, aurait été éliminé par nos lointains ancêtres pithécanthropes.

4. LE YOWIE

Le *Yowie*, ou *Doolagahl* («grand homme velu») est l'«homme sauvage» d'Australie, et il est le plus souvent observé en Nouvelle-Galles du Sud et au Queensland. À son sujet, le zoologiste Rex Gilroy a répertorié environ 300 témoignages, dont le plus ancien remonte à 1795. Il paraît, en fait, y avoir deux espèces de Yowies. La plus grande vit dans la forêt tropicale, la plus petite se rencontre dans les plaines et les collines. Les traditions aborigènes abondent d'ailleurs en histoires de créatures velues et géantes, à l'aspect plus ou moins humain. Les Aborigènes craignent et respectent les Yowies, qu'ils tiennent pour des créatures sacrées appartenant à l'*Alchéra*, le «temps du rêve»[16].

En 1894, le 3 octobre, un jeune garçon, Johnnie McWilliams aperçut, près de Snowball, un «*grand homme aux longs cheveux*» qui venait de surgir d'un fourré. L'être parut aussi surpris de cette rencontre insolite que le garçon, et s'enfuit aussitôt à travers champs.

Au début du XXe siècle, Joseph et William Webb firent une curieuse rencontre, près de Brindabella, en Nouvelle-Galles du Sud. Alors qu'ils campaient, ils entendirent soudain une sorte de beuglement «guttural et caverneux». Le journal *Queanbeyan Age* raconta leur aventure. «*Juste après, ils virent quelque chose qui marchait vers eux, dont ils ne distinguaient que le haut du corps. Pour autant qu'ils puissent en juger, la créature avait une tête velue, au poil hirsute, profondément enfoncée dans les épaules. En se rapprochant du campement, elle devint bien visible: d'une hauteur voisine de celle d'un homme, elle avançait à grandes enjambées, d'une démarche lourde.*» Après avoir interpellé l'inconnu, les hommes, en proie à la terreur, firent feu. La créature ne parut pas touchée, elle fit demi-tour en s'enfuyant.

En 1971, un Yowie fut aperçu d'un hélicoptère. Il se déplaçait rapidement et disparut bientôt dans la végétation. Le 18 septembre 1976, Jan Mack et Donald Huston campaient au pied de Mount Solitary, lorsqu'ils furent

---

16. Période mythique où les esprits ancestraux dirigeaient le monde, dans la cosmogonie aborigène.

réveillés par des bruits étranges. Ils virent bientôt quatre êtres humanoïdes et velus, hauts de 1,50 m environ. Le 20 novembre 1977, une jeune cavalière était près de Katoomba, lorsque, tout à coup, son cheval fit un brusque écart qui faillit la désarçonner. Elle remarqua alors un «homme-singe» de plus de 2 m, qui, parmi les arbres, la regardait. Apparemment, elle l'avait dérangé tandis qu'il mangeait des baies. Terrifiée, la jeune femme s'enfuit au galop.

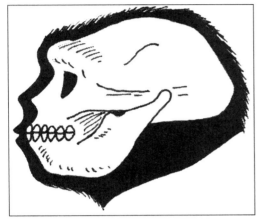

Reconstitution théorique du crâne du Yowie, d'après un dessin de Rex Gilroy.

En mars 1978, un employé du parc national de la région de Springbrook (Queensland) observa à son tour un Yowie, de plus de 2 m de haut. «*À moins de 4 m de moi, je vis une silhouette humanoïde, noire et velue [...]. La créature avait une face aplatie, noire et luisante, avec de grands yeux jaunâtres, et un grand trou en guise de bouche.*» L'homme et la créature se regardèrent quelques minutes, puis le Yowie libéra soudain une odeur si nauséabonde que l'homme se mit à vomir, puis s'enfuit.

Les rencontres sont parfois plus dramatiques. Ainsi, en décembre 1979, Leo et Patricia George, qui visitaient les Blue Mountains, à l'est de Sydney, cherchaient un endroit pour pique-niquer, lorsqu'ils tombèrent sur la carcasse à demi dévorée d'un kangourou. Ils virent alors, à une quinzaine de mètres, un Yowie de très grande taille, qui les observa un moment avant de repartir. Était-ce lui qui avait tué le kangourou?

En mai 1974, près de Katoomba, un poney fut trouvé mort. Son cou était brisé, la tête presque totalement arrachée, et le dos était en partie dévoré. À proximité, on trouva des empreintes d'un très grand primate. De telles traces ont d'ailleurs été découvertes à de multiples reprises. Il est intéressant de noter qu'une empreinte similaire à celles attribuées au Yowie, mais fossile celle-là, fut découverte à Mulgoa, en 1970.

Les empreintes de Yowie sont assez impressionnantes. Par exemple, celles trouvées en 1970, dans la Numinbah Valley, mesuraient plus de 45 cm de long sur 20 de large ; celles découvertes en mars 1990 dans la même région avaient 40 cm de longueur pour 18 cm de large, et s'enfonçaient dans le terrain boueux de près de 4 cm. Elles étaient en outre espacées de 1,52 m.

L'identité du Yowie reste des plus énigmatiques. Il s'agit d'un primate. Seulement voilà, en dehors de l'Homme, il n'existe pas de primates en Australie. Pour le D\ Grover T. Krantz, anthropologue de la *Washington State University*, le Yowie (tout comme le Yéti et Bigfoot) serait un hominidé relique, un gigantopithèque survivant. Après tout, puisque l'*Homo sapiens* est parvenu jusqu'en Australie, pourquoi pas le gigantopithèque ou un autre primate géant ?

5. L'ORANG-PENDEK

En 1993, l'exploratrice anglaise Debbie Martyr travaillait dans la jungle du parc national Kerinci Sablat, sur l'île de Sumatra, quand elle remarqua un mouvement dans une clairière. Elle vit alors une créature bipède, évoquant à la fois un homme et un singe. Ce qu'elle venait d'apercevoir n'était autre que l'*Orang-pendek* (« petit homme »), ou *Sedata*, bien connu des autochtones. S'agit-il d'un singe inconnu ou d'autre chose ? Passionnée par ce mystère, Debbie Martyr consacra dès lors la majeure partie de son temps à rechercher la mystérieuse créature. Avec son équipe, elle parvint ainsi à collecter de nombreuses informations, des témoignages, mais aussi des éléments plus concrets, comme des moulages d'empreintes, des fèces ou encore des enregistrements des cris de la créature. Après avoir étudié en détail les empreintes de l'Orang-pendek, très particulières et impossibles à confondre avec celles de l'orang-outan ou du gibbon, le P\ David Chivers, du *Selwyn College* de l'Université de Cambridge, fut convaincu qu'il s'agissait bien d'une espèce inconnue. Ces empreintes sont en effet très particulières, car si la voûte plantaire ressemble beaucoup à celle de l'être humain, le gros orteil, par contre, se trouve très en retrait et fait un angle très prononcé avec les autres doigts, on peut ainsi supposer qu'il est opposable, ce qui l'apparente à celui des singes.

L'Orang-pendek mesure environ 1,20 m à 1,50 m, il est couvert d'une fourrure orangée. Il n'a pas de queue. Le thorax et les épaules sont larges, les bras puissants et plutôt longs, tandis que les jambes sont courtes et fines. Il a de longs cheveux qui descendent parfois jusqu'au milieu du dos. Le visage est brun, sans poils, et si le front est plutôt fuyant, les yeux sont étrangement humains. Le nez est évasé mais reste humanoïde. La bouche, plutôt petite, est pourvue d'une solide dentition, avec, notamment, des incisives larges et des canines longues et fortes. Le dos des mains est légèrement velu.

L'Orang-pendek est-il un singe inconnu, une espèce spécifique de primates connus, ou bien, comme on l'a suggéré, un pithécanthrope survivant? La question reste en suspens.

Notons au passage qu'une autre île d'Asie, Sri Lanka, abritait, jusque vers 1800, des êtres énigmatiques, les *Nittaewo*, qui étaient des Pygmées hauts de 90 cm à 1,20 m, et habitaient des montagnes reculées. On n'est pas très sûr qu'ils aient été velus, car les informations à ce sujet sont contradictoires, mais ils ont cependant été parfois décrits comme des «hommes-singes», ou des hommes archaïques. Le zoologiste anglais W. C. Osman Hill les a assimilés à des pithécanthropes survivants.

6. LE KIKOMBA

Évoquons à présent le complexe dossier des «hommes sauvages» d'Afrique. Commençons par le *Kikomba*, qui serait un grand primate bipède et arboricole (du moins en partie), qui a souvent été vu tenant un bâton à la main. Le Kikomba est sans doute le même primate que celui qui hante la forêt de l'Ituri: le *Malahu.* Ce dernier nous est mieux connu, notamment grâce au récit de l'explorateur italien Attilio Gatti qui enquêta à ce propos en 1938. Il eut la chance de voir le Malahu, et en fit une description très précise. Il rapporta: *«Je vois encore la fourrure ondulée d'un noir rougeâtre, hérissant ses immenses bras dressés, le périmètre colossal de son estomac, et surtout cette tête d'une grosseur déconcertante, rendue aveugle et même privée de visage par le long rideau de poils blancs qui tombait de la visière proéminente de ses sourcils... J'avais vu le Malahu!»*

Si le Kikomba-Malahu est puissant et grand, puisqu'il dépasserait les 2 m, le *Kakundakari*, lui, n'excéderait pas les 90 cm. Il a une sorte de «crinière» sur la nuque, et porte à la hanche une sacoche de feuilles dans laquelle il met les crabes qu'il a pêchés. Son aspect général est celui d'un homme archaïque, que l'on a parfois rapproché de l'australopithèque gracile, tandis que le Kikomba-Malahu évoque beaucoup l'australopithèque robuste. S'agit-il de simples ressemblances, ou est-on en présence d'hommes préhistoriques survivants?

Dans le Mozambique et la Tanzanie, on évoque d'autres primates mystérieux, les *Agogwe*, qui sont des Pygmées velus, des «petits hommes bruns» hauts de 1,20 m à 1,50 m. De l'autre côté du continent, en Côte-d'Ivoire, il est question des «petits hommes de la forêt», pygmées velus au pela-

117

ge roux et aux longs cheveux rougeâtres, sur lesquels enquêta, en 1947, le Pr André Ledoux, alors chef du service zoologique de l'Institut d'Adiopodoumé. Ici, on paraît bien avoir affaire à des hommes archaïques, car on a découvert des outils de très petite taille, ainsi que des tunnels étroits qu'ils auraient creusés dans les falaises.

Au début des années 1980, Jacqueline Roumeguère-Eberhardt, ethnographe du CNRS et spécialiste des Masaïs, s'intéressa au problème des «hommes sauvages» africains, et plus précisément à ceux du Kenya. Tout commença quand un autochtone, regardant l'illustration de l'*Homo habilis* dans un journal, lui affirma: «Moi, je l'ai vu...» Au terme de son enquête, elle put distinguer cinq types précis d'hommes sauvages, qu'elle classifia prudemment par des codes, de façon à ne pas anticiper une quelconque identification. X1 est très grand et puissant. Il est velu, et ses pieds sont très grands. On l'a vu armé d'une massue. X2 est plus petit et a la silhouette élancée. Il ne paraît pas avoir de pelage, et sa peau nue est de couleur claire. Il est agressif. X3 est grand et velu, et il a de longs cheveux clairs, presque blancs. X4 est petit et trapu, sa tête est très volumineuse. Il est peu velu et a été vu mangeant des tubercules. Enfin, X5 est du type *Homo sapiens* moderne. Sa pilosité est donc humaine, et ses cheveux sont longs. Il porte un carquois, avec arc et flèches.

À propos de ce complexe dossier des hommes sauvages africains, Bernard Heuvelmans[17] confiait: «*Leur identité reste ambiguë: à mon sens, ils pourraient être soit des singes anthropoïdes encore inconnus, soit des australopithèques rescapés de la Préhistoire, respectivement l'australopithèque gracile et l'australopithèque robuste. Les cas sur lesquels on est le mieux documenté sont ceux du petit Kakundakari et du grand Kikomba du nord-est du Zaïre, parce qu'ils ont été étudiés sur le terrain par deux naturalistes professionnels, l'herpétologue belge, Paul Leloup, et le "capteur" d'animaux suisse, Charles Cordier.*»

Le dossier des «hommes sauvages» reste donc ouvert, et aucune certitude n'a pu encore être obtenue quant à leur nature. Si certains sont manifestement des singes anthropoïdes, d'autres pourraient bien être, malgré tout, des hommes reliques, des survivants de la Préhistoire.

---

17. *VSD Nature* n° 5, décembre 1993.

CHAPITRE IX

DES TRACES ÉNIGMATIQUES

Jusqu'à présent, nous avons croisé la route d'animaux mystérieux dont l'identité restait inconnue, mais il existe aussi des cas plus troublants où des traces ont été découvertes sans que les animaux responsables aient pu être observés, et sans que l'on ait la moindre idée définitive sur l'identité de ces animaux.

Commençons par le cas le plus étrange, un cas apparemment impossible.

Le matin du 8 février 1855, aux environs d'Exmouth, dans le Devonshire (Angleterre), les habitants eurent la surprise de découvrir de nombreuses traces insolites dans la neige. Elles mesuraient une douzaine de centimètres et avaient une forme ressemblant à celle de fers à cheval. Fait curieux : les pistes formées par ces traces dessinaient de longues lignes droites, elles étaient parfaitement alignées, comme si l'étonnante créature qui les avait tracées n'avait qu'une seule patte ! Autre élément des plus étranges, la neige n'était pas écrasée au fond des empreintes, mais elle paraissait avoir purement et simplement disparu, comme si les empreintes avaient été marquées au fer rouge ! De nombreuses empreintes étaient visibles autour de 18 villages de la région. On ne tarda pas à les appeler les « sabots du Diable ». En une seule nuit, la mystérieuse « Bête du Devonshire » avait parcouru près de 160 km. Les traces tournaient autour des maisons, étaient passées au-dessus d'un mur de 4,5 m de haut, et reprenaient derrière sans laisser de trace sur le sommet du mur... comme si la créature été passée au travers ! À un endroit, elle paraissait avoir franchi les 3,5 km de l'estuaire de la rivière Exe. Par endroits, elle avait apparemment marché le long des murs et sur les toits. Autre détail curieux : à intervalles immenses mais réguliers, les empreintes alternaient avec des traces ressemblant à celles laissées par une pointe de pique. Les traces de « sabots » étaient espacées par groupes, de 30 à 37,5 cm pour les plus longues, et 22,5 cm pour les plus petites, écartements qui furent invariablement les mêmes pour chaque village.

Les pistes étranges finissaient par se perdre dans une forêt. On a raconté que lorsque les chasseurs arrivèrent devant cette forêt, leurs chiens refusèrent d'y entrer et s'enfuirent en hurlant de terreur.

L'affaire fut reprise à grand bruit par le *London Times* (édition du 16 février 1855), et surtout par l'*Illustrated London News* (n°s des 24 février, 3 mars et 17 mars 1855).

L'enquêteur envoyé par l'*Illustrated London News* écrivit : « *Ce mystérieux visiteur n'est généralement passé qu'une fois à travers chaque jardin ou chaque cour, et il le fit dans presque toutes les maisons de nombreuses parties des différents villages, ainsi que dans les fermes isolées aux alentours. Cette piste régulière passait, dans certains cas, par-dessus les toits des maisons ou par-dessus des meules de foin ou des murs très élevés (dont un de 4,50 m) sans déplacer la neige ni d'un côté ni de l'autre, et sans que change la distance entre les empreintes, comme si l'obstacle n'avait pas du tout gêné. Les jardins entourés de hautes haies ou de murs, et avec les portes fermées, furent visités aussi bien que ceux qui n'étaient pas clos ni fermés.* »

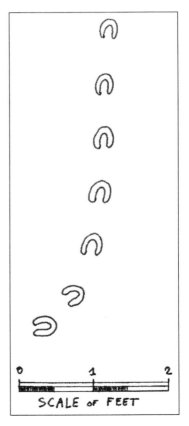

Les traces de la mystérieuse « Bête du Devonshire », d'après un dessin d'époque paru dans l'*Illustrated London News*. (L'échelle est en pieds.)

Un scientifique venu se rendre compte sur place suivit une même piste à travers un champ, jusqu'à une meule de foin. Il constata que la meule ne portait aucune trace pouvant indiquer un passage à travers elle ou sur elle, ni même un contournement ; pourtant, de l'autre côté, les empreintes continuaient comme si la meule n'avait pas existé !

L'article de l'*Illustrated London News* mentionnait également que les empreintes passaient par « *une ouverture circulaire d'une trentaine de centimètres* », et dans « *une conduite de drainage de 15 cm* ».

Un des faits les plus curieux était que les empreintes paraissaient suivre un itinéraire précis, car à aucun moment elles ne revenaient en arrière ni ne semblaient errer au hasard.

De nombreuses explications ont été avancées, certaines tout simplement grotesques (un âne, un rat, un crapaud, un lièvre avec les pattes attachées, un kangourou, une créature extra-terrestre…), mais aucune ne parvint à expliquer de façon convaincante le mystère. Une enquête plus approfondie montra que les premières traces avaient été observées sur la côte est de l'Angleterre, probablement dans le Norfolk ou le Lincolnshire, toutes se dirigeaient vers le sud-ouest et on en trouva jusque dans le Devonshire, mais pas au-delà de Teignmouth.

Près d'un siècle plus tard, d'autres traces étranges furent découvertes dans la même région. En octobre 1950, un certain M. Wilson était en vacances dans une petite ville de la côte ouest du Devonshire. Quand il arriva sur la plage, déserte à cette époque de l'année, il découvrit une série d'empreintes qui commençait au pied d'une falaise verticale, et qui traversait le sable en ligne droite jusqu'à la mer. Les traces étaient particulièrement nettes, « *presque comme si elles avaient été découpées par un instrument tranchant* ». Les empreintes étaient espacées d'environ 1,80 m et ressemblaient à des traces de sabots, comme celles d'un gros poney non ferré, mais les traces n'étaient pas fendues. Elles étaient en outre plus profondes que celles de Wilson, qui pesait dans les 80 kg. En les examinant de plus près, le promeneur remarqua de nouveau ce qui l'avait frappé dès le début : les traces étaient parfaitement nettes, sans aucune « éclaboussure » sur les bords, « *on aurait dit que chaque empreinte avait été découpée dans le sable avec un fer à repasser* ». Le plus étrange était peut-être que ces traces étaient incontestablement celles d'un bipède, et la piste se dirigeait droit vers la mer. Wilson constata aussi que les traces étaient fraîches et que la marée descendante arrivait juste au-delà de la dernière empreinte. Il songea alors avec regret que s'il était arrivé seulement quelques minutes plus tôt, il aurait peut-être pu voir ce qui avait laissé ces traces des plus curieuses.

On connaît encore d'autres cas similaires. Un manuel d'histoire japonais parle de traces mystérieuses dans la neige, à l'intérieur même du palais impérial, en 929. En 943, le moine bénédictin Flavellus d'Épernay évoque des traces de « démons » pendant une tempête. Une histoire identique aurait eu lieu, en 1065, dans la ville de Scarbourough. L'abbé anglais Ralph de Coggeshall parle d'un phénomène similaire survenu à York, pendant le règne du roi Richard Cœur de Lion (1189-1199).

En 1839 et 1840, des traces énigmatiques furent découvertes en Écosse. Le *London Times* (édition du 14 mars 1840) rapportait : « *Dans les hautes montagnes du district élevé où Glenorchy, Glenyon et Glonochay sont contigus, on a relevé plusieurs fois sur la neige, durant l'hiver dernier et le précédent, les empreintes d'un animal jusque-là inconnu dans toute l'Écosse. Ces traces ressemblaient très exactement, à tous les égards, à celles d'un poulain de taille convenable, à cela près que la plante en était plus longue et moins ronde. Jusqu'à présent, personne n'a eu la bonne fortune d'apercevoir, fut-ce un seul instant, cette créature dont la forme et les dimensions restent mystérieuses. Seule la profondeur des traces dans la neige donne à penser qu'il doit s'agir d'une bête énorme. On a observé également que sa démarche ne semblait pas être celle de la généralité des quadrupèdes, mais ressemblait aux bonds d'un cheval effrayé ou pourchassé. Ces traces n'ont pas été relevées dans une seule localité, mais sur un territoire d'une vingtaine de kilomètres.* »

Le 7 juin 1857, on releva, en Suède, les « *traces mystérieuses d'une bête inconnue* ». L'année suivante, ce fut cette fois au Portugal, dans la région de Coimbra, que des paysans découvrirent des « *empreintes suspectes n'appartenant à aucune race connue* ». Vers 1870, dans le New Jersey, USA, des traces insolites et non identifiées furent attribuées au *Jersey Devil*, créature mythique locale (à qui l'on concédait la faculté de se rendre invisible et de se jouer des obstacles). Dans la même région, en 1908, des traces énigmatiques, également attribuées au Jersey Devil, furent découvertes le long de la côte, entre Newark et le cap May. Dans son article de la revue *To Morrow* (automne 1957), le Dr Éric J. Dingwall écrivait à ce propos : « *Là encore, on eut des descriptions de traces comme celles des sabots d'un poney dans la neige épaisse, et de nouveau, les récits disent comment les traces menaient à des clôtures puis continuaient de l'autre côté même lorsque les barreaux n'étaient qu'à quelques pouces les uns des autres.* »

En Galicie (Russie polonaise), sur la Piashowa (la Colline du Sable), on a fréquemment trouvé des empreintes étranges dans la neige, et parfois même dans le sable de la colline. En Hollande, dans la région de Scheveningue, le matin du 9 janvier 1913, une piste longue de près de 200 km fut découverte dans la neige, elle aussi franchissait des obstacles. Citons encore les traces de «sabots» qui furent découvertes, en 1840, sur l'île Kerguelen (océan Indien), où ne vit aucun animal à sabots (voir *Voyage de découverte et de recherche dans les mers du Sud et l'océan Antarctique,* du capitaine James Clark Ross) ; ou celles découvertes en Belgique, en 1945, et au Brésil, vers 1954. Au début des années 1960, dans le parc de Yosemite, en Californie, furent trouvées d'étranges empreintes de forme triangulaire : elles étaient fortement marquées et s'arrêtaient brusquement au milieu d'un champ.

Ces énigmes n'ont jamais été résolues.

BIBLIOGRAPHIE

Abbé Pourcher, *Histoire de la Bête du Gévaudan*, auto-édition, 1889 ; réédition, F. Reder, 1979.

Jean-Jacques Barloy, *Les Survivants de l'ombre*, Arthaud, 1985.
— *Dinosaures et animaux disparus*, Hachette, 1984 — « À la recherche des animaux inconnus », *Science & Avenir* n° 364, mai 1977.

Jacques Bergier & INFO, *Le Livre de l'inexplicable*, Albin Michel, 1972.

Charles Berlitz, *Les Phénomènes étranges du monde*, Le Rocher, 1989.
— *Événements inexpliqués et personnages étranges du monde*, Le Rocher, 1990.

« Big Cat Roundup », *Fortean Times* n° 52 à 55, 59, 63, 64, 73, 80, 83, 88, 101, 111, 121.

Fabien Bleuze, « Les Hommes sauvages sont parmi nous », *Mystère* n° 16, novembre 1994
— « L'Homme de Néanderthal est-il toujours vivant ? », *Mystère* n° 18, mars 1995.

Janet Bord, « Big Shot », *Fortean Times* n° 96, mars 1997.

Janet et Colin Bord, *Alien Animals*, Granada Publishing Ltd., 1980.
— *The Bigfoot Casebook*, Granada, 1982.
— *The Evidence for Bigfoot and Other Man-Beasts*, Aquarian Press, 1984.

Jim Brandon, *Weird America*, E. P. Dutton, 1978.

Peter Byrne, *Bigfoot : Man, Monster or Myth ?*, Acropolis Books, 1975.

Véronique Campion-Vincent, *Des Fauves dans nos campagnes*, Imago, 1992.

Pascal Cazottes, « L'Énigme des Black Dogs », *L'Inconnu* n° 250, juillet 1997.

Jean-Yves Chauvet, « Quand la Bête des Vosges mangeait tous les moutons », *Revue Lorraine Populaire* n° 20, février 1978.

Abel Chevalley, *La Bête du Gévaudan*, Gallimard, 1936.

David H. Childress, « Living Pterodactyls », *World Explorer* n° 4, 1994.
— « On the Trail of the Yeti », *World Explorer* n° 9, 1997.

Loren Coleman, *Tom Slick and the Search for the Yeti*, Faber & Faber, 1989.

Frank Edwards, *Strange World*, Lyle Stuart, 1964.
— *Un Monde insolite*, Éd. de l'Homme, 1992.

Facteur X, Marshall Cavendish/ALP, 1997 (collectif).

Far Out Adventures, Adventures Unlimited Press, 1997 (recueil des 9 premiers numéros de *World Explorer*).

Percy H. Fawcett, *Exploration Fawcett*, Hutchinson, 1924.

Di Francis, *Cat Country*, David & Charles, 1983.

Rémy Gantès, *Le Mystère des hommes des neiges*, Études vivantes, 1979.

Rex Gilroy, *Mysterious Australia*, Nexus Books, 1995.
— «Australian Monsters», *Psychic Australian*, décembre 1976.
— «Yowies: Australia's Bigfoot», *World Explorer* n° 3, 1993.

Carlos Graffigna, *L'Énigme du Yéti*, Julliard, 1962.

M. Gupta et T. Nath, *On the Yeti Trail*, UBSPD Publishers, 1994.

Mark Hall, «Thunderbirds are Go», *Fortean Times* n° 105, janvier 1998.

Sian Hall, «Rumble in the Jungle», *Fortean Times* n° 111, juillet 1998.

Richard Hamel, *Les Animaux humains*, J'ai Lu, 1977.

Bernard Heuvelmans, *Sur la piste des bêtes ignorées*, Plon, 1955.
— *Les Derniers Dragons d'Afrique*, Plon, 1978.
— *Les Bêtes humaines d'Afrique*, Plon, 1980.
— «Sur la piste des créatures cachées», *VSD Nature* n° 5, décembre 1993.

Bernard Heuvelmans et Boris Pourchnev, *L'Homme de Néanderthal est toujours vivant*, Plon, 1974.

Peter Hough, *Supernatural Britain*, BCA, 1994.

Don Hunter et René Dahinden, *Sasquatch*, New American Library, 1975.

Inexpliqué, Atlas, 1980 (collectif).

Ralph Izzard, *The Abominable Snowman*, Doubleday, 1955.

Stan Johnson, *Bigfoot Memoirs*, Wild Flower Press, 1996.

Jackson Judge, «The Bird That Devours Men», *World Explorer* n° 4, 1994.

John Keel, *Strange Creatures from Time and Space*, Fawcett Books, 1970.

Grover S. Krantz, *Big Footprints*, Johnson Books, 1992.

Kesar Laff, *Lore and Legend of the Yeti*, Pilgrims Book House, 1988.

«L'Almasty, Yéti du Caucase», *Archeologia* n° 269.

«Les Mystères de la faune indonésienne», *Facteur X* n° 57.

Roy P. Mackal, *Searching for Hidden Animals*, Doubleday, 1980.

Ivan Mackerle, « In Search of the Killer Worm of Mongolia », *World Explorer* n° 4, 1994.

Harry F. McClure, « Tombstone's Flying Monster », *Old West Magazine*, été 1970.

Alex Marquès, *Le Monstre venu du froid ou l'ultime étude sur la Bête du Gévaudan*, Libreville, 1979.

Alfred Metraux, « South American Thunderbirds », *Journal of American Folklore*, 1944.

Darren Naish, « Big Bad Killer Eagles », *Fortean Times* n° 122, juin 1999.

Richard Nolane, *Sur les traces du Yéti et autres animaux clandestins*, Vaugirard, 1993.

Sylvain Pallix, *L'Almasty, Yéti du Caucase*, 1993 (documentaire).

Jack Pearl, « Monster Bird That Carries Off Human Beings », *Saga Magazine*, mai 1963.

Xavier Pic, *La Bête qui mangeait le monde*, Albin Michel, 1971.

Yvan T. Sanderson, *Abominable Snowmen: Legend Come to Life*, Chilton Book, 1961.
— *Hommes des neiges et hommes des bois*, Plon, 1961.
— « Thunderbirds Again — And Again », *Pursuit*, avril 1972.

Sélection du Reader's Digest, *Le Grand Livre du mystérieux*, Paris, 1985.

Myra Shackley, *Still Living?*, Thames & Hudson, 1983.

Paul Sieveking, « Nothing More than Felines », *Fortean Times* n° 121, mai 1999.

E. L. Simons et P. E. Ettel, « Gigantopithecus », *Scientific American*, janvier 1970.

Ann Slate et Alan Berry, *Bigfoot*, Bantam Books, 1976.

Charles Stonor, *The Sherpa and Snowman*, Hollis & Carter, 1955.

Odette Tchernine, *The Snowman and Company*, Robert Hale, 1961.
— *The Yeti*, Neville Spearman, 1970.

The Big Book of the Unexplained, Paradox Press, 1997 (collectif).

Audrey Topping, « Wild Men of China », *Science Digest*, août 1981.

Georges Villebois, *Les Enfants-Loups et les Animaux fantastiques*, Idégraf & Vernoy, 1980.

Jeremy Wade, « Snakes Alive! », *Fortean Times* n° 97, mai 1997.

Du même auteur, dans la collection B.A.-BA

Ce B.A.-BA *des vampires* se veut, en quelque sorte, une réhabilitation du mythe face aux déformations que lui font subir la littérature, le cinéma et quelques auteurs mal informés.

Ce livre veut présenter le vampire originel, revenu à sa force brute et archaïque. Celui-là, il ne se transforme pas en chauve-souris, il ne suce pas toujours le sang, ou ne s'en contente pas seulement. La mort, hideuse et dévorante, rôde à chaque détour. Autour de cette idée maîtresse, autour de la croyance en une vie posthume, s'articule le mythe du vampire.

Ce B.A.-BA *des monstres aquatiques* fera découvrir les énigmes d'animaux inconnus ou surgis d'un autre âge. Il présentera de nombreux cas et fera le point sur nos connaissances dans cette matière particulière… Le requin géant préhistorique vit-il encore ? Y a-t-il des dinosaures survivants ? Quel animal mystérieux se cache-t-il derrière Nessie ? Existe-t-il des pieuvres géantes ? Des sauriens de la préhistoire nagent-ils encore dans les mers du globe ?

Ce livre répondra à toutes ces questions, et à bien d'autres encore…

Ce livre, composé en « Garamond » corps 11, a été réalisé par l'atelier des éditions Pardès.
Achevé d'imprimer en mai 2000 sur les presses de l'Imprimerie Fareso, Madrid (Espagne).
Dépôt légal : mai 2000.